Aufgaben zur Abiturvorbereitung

von

Dr. rer. nat. Marco Schuchmann, Dipl.-Math.

Herstellung und Verlag:
BoD-Books on Demand, Norderstedt
ISBN: 978-3-7386-0716-1

Vorwort

In diesem Buch wurden eine Reihe von Übungsaufgaben zu den drei großen Themengebieten der Oberstufe (Analysis, Stochastik und analytische Geometrie) zusammengestellt. Es sind Aufgaben ganz unterschiedlichen Schwierigkeitsgrades mit dabei. Aus diesem Grund habe ich vorab keine Differenzierung nach Grundkurs oder Leistungskurs vorgenommen. Die Aufgaben entstanden aus mehrjähriger Erfahrung bei der Unterstützung zur Abiturvorbereitung von Schülerinnen und Schülern diverser Gymnasien, beruflicher Gymnasien und auch Fachoberschulen.

In den folgenden sechs Kapiteln finden Sie jeweils ein Kapitel mit Aufgaben und danach jeweils eines mit den zugehörigen Lösungen. Die Lösungen sind z. T. mit Beschreibungen bzw. Erklärungen versehen, so dass dieses Buch auch zum Selbststudium geeignet ist, sofern Grundkenntnisse vorhanden sind. Die Aufgaben wurden so zusammengestellt bzw. erstellt, dass möglichst viele Aspekte der verschiedenen Themengebiete berücksichtigt wurden. Im letzten Kapitel sind weitere Übungsaufgaben ohne Lösungen zu finden.

Um zusätzlich eine Reihe von Mathe-Aufgaben online lösen zu können, wurde ein System entwickelt, welches unter www.alles-mathe.de zu finden ist. Hiermit können auch eigene Lösungen verifiziert werden, Zwischenschritte gelöst oder auch beispielsweise Funktionsgraphen gezeichnet werden.

Weitere Aufgaben mit Lösungen, Beispiele und Erklärungen habe ich auf der Seite www.mathe-total.de bereit gestellt und speziell Abituraufgaben unter abi.mathe-total.de. Auf der Seite findet man auch Themen der Mittelstufe.

Im Herbst 2014   Dr. Marco Schuchmann
                                  (e-mail: schuchmann@mathe-total.de)

Inhalt

1   Aufgaben zur Analysis

Bemerkung:
Aufgaben mit erhöhtem Schwierigkeitsgrad sind mit einem s hinter der Aufgabennummer gekennzeichnet, z.B. „Aufgabe AN19S".

Aufgabe AN1:
Es sollen die Nullstellen folgender Polynome bzw. ganzrationaler Funktionen bestimmt werden.

a) $f(x) = x^3 - 64x$

b) $f(x) = 4x^3 + 12x^2$

c) $f(x) = x^3 + 8$

d) $f(x) = x^3 + 4x^2 - 3x - 18$ $(x_1 = -3)$

e) $f(x) = x^3 + 12x^2 - 256$ $(x_1 = -8)$

f) $f(x) = 2x^3 - 4x^2 - 2x + 4$ $(x_1 = 2)$

g) $f(x) = -x^4 + 20x^2 - 64$

h) $f(x) = 2x^4 - 10x^3 + 24x^2 - 32x + 16$

i) $f(x) = (x - 4)(x + 2)(x - 5)$

j) $f(x) = 2(x^2 - 9)(x + 4)(x^2 + 25)$

Weitere Beispiele zur Polynomdivision sind unter http://www.mathe-total.de/Test-Polynomdivision/Polynomdivision.php zu finden, weitere Beispiele zur Substitution bei biquadratischen Gleichungen - wie bei Aufgabe g) - unter http://www.mathe-total.de/Test-biquadratische-Gleichungen und falls jemand die p-q-Formel noch mal üben möchte, kann er dies unter http://www.mathe-total.de/Test-p-q-Formel tun.

Aufgabe AN2:

Bestimme die Nullstellen der Funktion

a) $f(x) = -4x^4 + 281x^2 - 1600$

b) $f(x) = -1/2x^3 + 3/2x^2 + 5x - 12$

Aufgabe AN3:

Es soll jeweils die erste Ableitung bestimmt werden:

a) $f(x) = x^3 - 4x^2 + 8x + 3$

b) $f(x) = x^5 - 9x^3 + 4$

c) $f(x) = 1/3x^3 - 1/2x^2 + x$

d) $f(x) = -9x^5 + x^4 + 4/3x^3 + 2x$

e) $f(x) = ax^3 + bx^2 + cx + d$

f) $f(x) = x^3 + d^2$

g) $f(x) = a(2x^3 - 8x)$

h) $f(x) = (x^5 - 4x^2 + 1)/3$

i) $f(t) = t^3x - 12t^2 + x^4$ \qquad (Ableitung nach t)

j) $f(x) = t^3x - 12t^2 + x^4$

Aufgabe AN4:

Es soll jeweils die erste Ableitung bestimmt werden:

a) $f(x) = x \cdot \sin(x)$ (Tipp: $(\sin(x))' = \cos(x)$)

b) $f(x) = x^2 \cdot e^x$ (Tipp: $\left(e^x\right)' = e^x$)

c) $f(x) = \dfrac{2x}{x^2 + 4}$

d) $f(x) = \dfrac{x^2 - 4}{2x^2 - 3}$

e) $f(x) = (5x + 3)^4$

f) $f(x) = \sqrt{x^2 - 2x}$ (Tipp: $\sqrt{x} = x^{1/2}$, damit ist $\left(\sqrt{x}\right)' = 1/2 \cdot x^{-1/2} = \dfrac{1}{2\sqrt{x}}$)

g) $f(x) = \ln(x^3 + 2x)$ (Tipp: $(\ln(x))' = 1/x$)

h) $f(x) = (2x + 4) \cdot e^{-2x}$

i) $f(x) = \dfrac{e^x}{1 + e^x}$

j) $f(x) = \dfrac{-2x}{(2x + 3)^2}$ (Tipp: Nenner nicht ausmultiplizieren, damit man nach dem Ableiten kürzen kann)

k) $f(x) = \sin(x^2)$ (Tipp: $(\sin(x))' = \cos(x)$)

l) $f(x) = \sin^2(x)$ (Tipp: $\sin^2(x) = (\sin(x))^2$)

Aufgaben AN5:
a) $f(x) = x^2 - 4x$. Es soll die Gleichung der Tangente und Normale bestimmt werden an der Stelle $x = 1$.

b) $f(x) = 2e^{1/2x}$. Es soll die Gleichung der Tangente und Normale an der Stelle $x = 0$ bestimmt werden.

Aufgaben AN6:
Für die Funktion $f(x) = x^3 - 3x^2$ soll eine Kurvendiskussion durchgeführt werden.

Aufgabe AN7:
Führe für die Funktion $f(x) = -3x^4 + 24x^3 - 54x^2$ eine Kurvendiskussion durch.

Aufgabe AN8:
Gesucht ist eine ganzrationale Funktion vierten Grades. Der Graf ist zur y-Achse symmetrisch, hat im Punkt E(2; 25) einen Hochpunkt und schneidet an der Stelle   x = 3 die x-Achse. (Eine Anwendungsaufgabe zur Rekonstruktion finden man unter http://mathe-total.de/Aufgabenblaetter/Anwendungsaufgabe-Rekonstruktion.pdf und Erklärungen zu den Bedingungen findet man unter http://mathe-total.de/Analysis-Skript/Analysis-Differentialrechnung.pdf)

Aufgabe AN9:
Gesucht wird eine Stammfunktion von:

a) $f(x) = 6x^2 - 4x + 3$

b) $f(x) = x^4 - 9x^2 + 6x$

c) $f(x) = 2x^2 - 5x + 2$

d) $f(x) = 8x^3 - 12x^2 + 4x + 5$

e) $f(x) = \dfrac{1}{\sqrt{x}}$

f) $f(x) = \dfrac{1}{x^2}$

g) $f(x) = 4(x^3 - 8x + 2)$

Aufgabe AN10:
Aufgaben zu bestimmten Integralen:

a) $\int\limits_{0}^{2} (3x^2 - 4x + 2)dx$

b) $\int\limits_{-1}^{1} (x^3 - 8x)dx$

c) Bestimme a so, dass $\int\limits_{-1}^{1} (ax^4 + 6x^2)dx = 6$

Aufgabe AN11:
Geben ist die Funktion f(x) = -3x^2 + 12x.
a) Wie groß ist die Fläche, die die Kurve von f mit der x-Achse einschließt?
b) Welche Fläche schließt der Graph von f mit der x-Achse über dem Intervall I = [2, 5] ein?

Aufgabe AN12:
Geben ist die Funktionen f(x) = x^4 - 4x^2.
Wie groß ist die Fläche, die die Kurve von f mit der x-Achse einschließt?

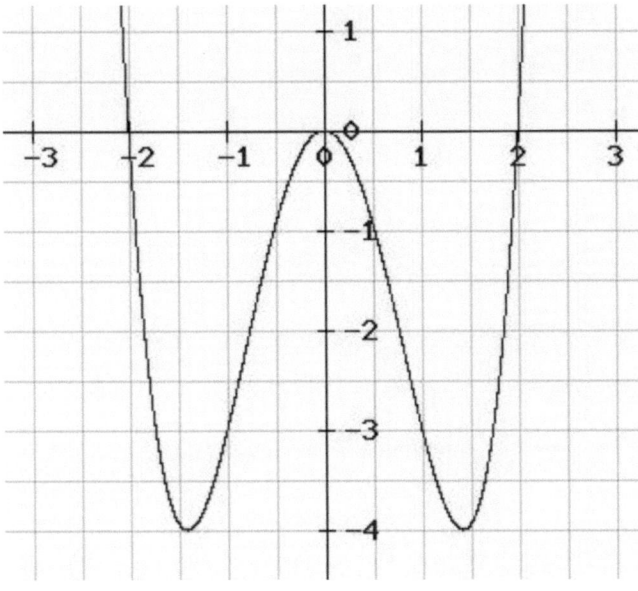

Aufgabe AN13:

Geben sind Funktionen $f(x) = x^2 - 3$ und $g(x) = 2x$. Wie groß ist die Fläche, die von den beiden Kurven eingeschlossen wird?

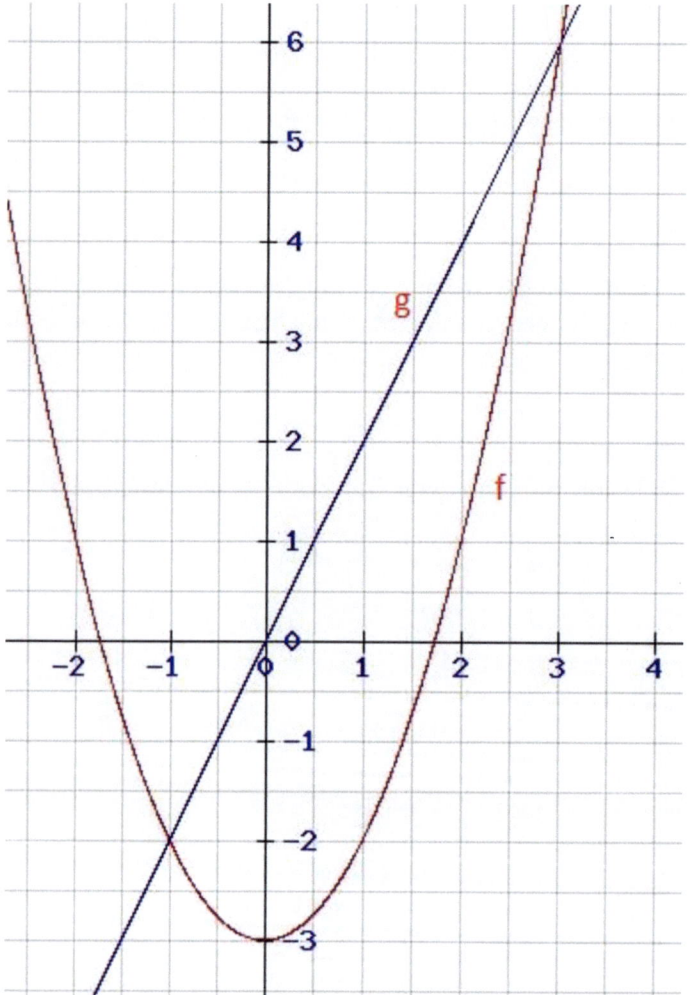

Aufgabe AN14:

Wie groß ist die Fläche zwischen der Kurve von $f(x) = e^{-1/2x}$ und der x-Achse über dem Intervall [0; 4]?

Aufgabe AN15:

Gegeben ist $f(x) = (x + 2) \cdot e^{-x}$.

a) Zeige, dass $F(x) = (-x - 3) \cdot e^{-x}$ eine Stammfunktion von f ist.

b) Wie groß ist die Fläche, die im 2. Quadraten von der Kurve von f, der x-Achse und der y-Achse eingeschlossen wird?

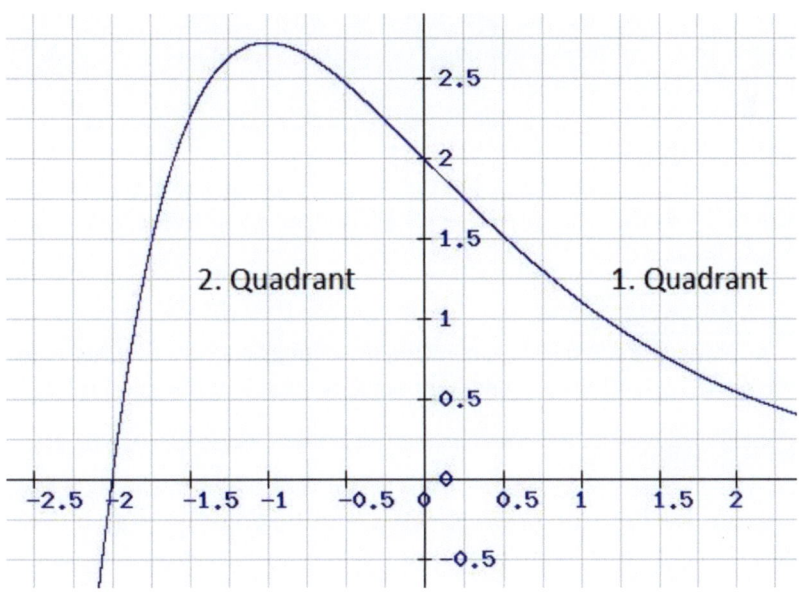

Aufgabe AN16:

Durch die Punkte $P(1;y_1)$ und $Q(2;y_2)$ wird eine Sekante der Kurve von $f(x) = x^2$ gezeichnet. In welchem Punkt des Grafen ist die Tangente parallel zu dieser Sekanten und die lautet die Gleichung dieser Tangenten?

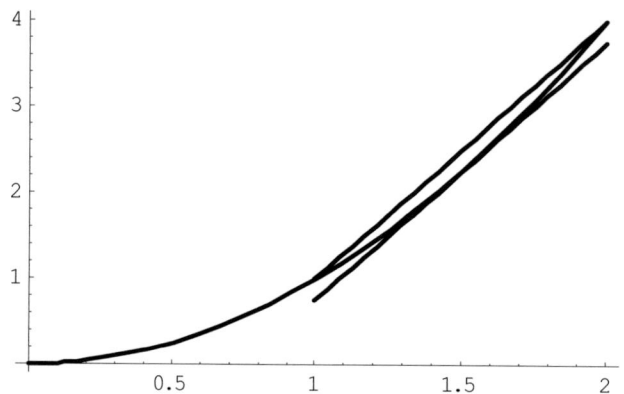

Aufgabe AN17S:

Gesucht wir eine ganzrationale Funktion 3. Grades, die an der Stelle $x = 2$ eine Normale hat, welche die x-Achse unter einem Winkel von 45° schneidet. Die Wendetangente an der Stelle $x = 1$ schneidet die x-Achse in $N(4;0)$ und hat die Steigung 2.

Aufgabe AN18S:

Eine Parabel f (d.h. ganzrationale Funktion 2. Grades) wird im Ursprung von der Kurve der Funktion $g(x) = x^2 - 4x$ orthogonal geschnitten und sie hat die zweite Ableitung $f''(x) = 2$.

Aufgabe AN19S:

Eine achsensymmetrische ganzrationale Funktion 4. Grades hat im Wendepunkt $W(-1;4)$ eine Wendetangente, die durch den Punkt $Q(0;3)$ geht.

Aufgabe AN20S:

Gesucht wird eine ganzrationale Funktion dritten Grades, die im Ursprung die x-Achse berührt und an der Stelle $x = 2$ die Funktion $g(x) = -8x + 16$ berührt.

Aufgabe AN21S (für LK):

Bestimme die Stammfunktionen von

a) $f(x) = x \sin(x)$

b) $f(x) = 5x \sqrt{x^2 + 8}$

Weitere Aufgaben zur partiellen Integration und Substitution:
http://mathe-total.de/Aufgabenblaetter/Aufgaben-Integrationsregeln.pdf

Aufgabe AN22:

Unter die Kurve von $f(x) = 9 - x^2$ soll ein Rechteck mit maximaler Fläche gelegt werden, dessen eine Seite sich auf der Abszisse befindet. Wie groß ist die maximale Fläche?

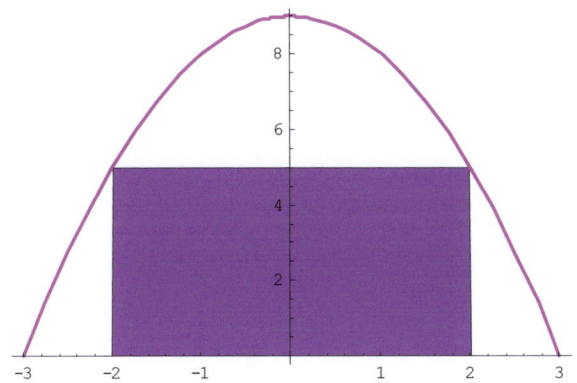

Aufgabe AN23:

Führe eine Kurvendiskussion für die Funktion $f(x) = -1/2\ x^3 + x^2 + 2x - 4$ durch und bestimme die Fläche, welche die Kurve mit der x-Achse einschließt. Unter welchem Winkel scheidet f die y-Achse?

Aufgabe AN24S:

Für eine Kurvendiskussion für die Funktionenschar $f_a(x) = -1/a \cdot x^3 + 12x^2$ (a>0) durch. Bestimme die Gleichung der Wendetangente. Bestimme dann a so, dass die Kurve von f_a mit der x-Achse eine Fläche von 27 FE einschließt.

Aufgabe AN25S:
Gegeben sind die Funktionen $f(x) = x^3$ und $g(x) = ax$. Bestimme a so, dass die Graphen von f und g im I. Quadraten eine Fläche von 4 FE einschließen.

Aufgabe AN26:
Gegeben ist die 2. Ableitung einer Funktion $f''(x) = 12x - 4$. Gesucht wir die Funktion f, die im Punkt P(-2;4) einen Extremwert besitzt.

Aufgabe AN27:
Welche Fläche schließt die Kurve von $f(x) = 2x^3 - 4x^2$ mit ihrer Tangente in der Stelle $x = 1$ eine? In welchem weiteren Punkt hat die Funktion f eine Tangente mit der gleichen Steigung wie an der Stelle $x = 1$?

Aufgabe AN28S:
Vom Punkt P(2;-3) aus sollen Tangenten an die Kurve von $f(x) = x^2 + 2$ gelegt werden. Bestimme deren Gleichungen.

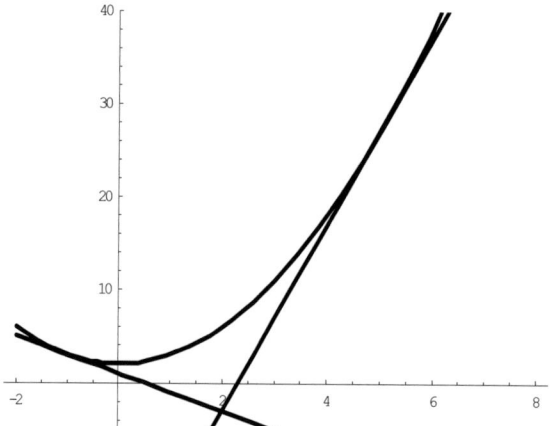

Aufgabe AN29S:
An den Grafen von $f(x) = x^2$ sollen zwei Tangenten gelegt werden, die sich auf der Ordinate orthogonal scheiden. Bestimme die Gleichungen dieser Tangenten sowie die Fläche, welche diese Tangenten mit der Kurve von f einschließen (siehe Grafik nächste Seite oben).

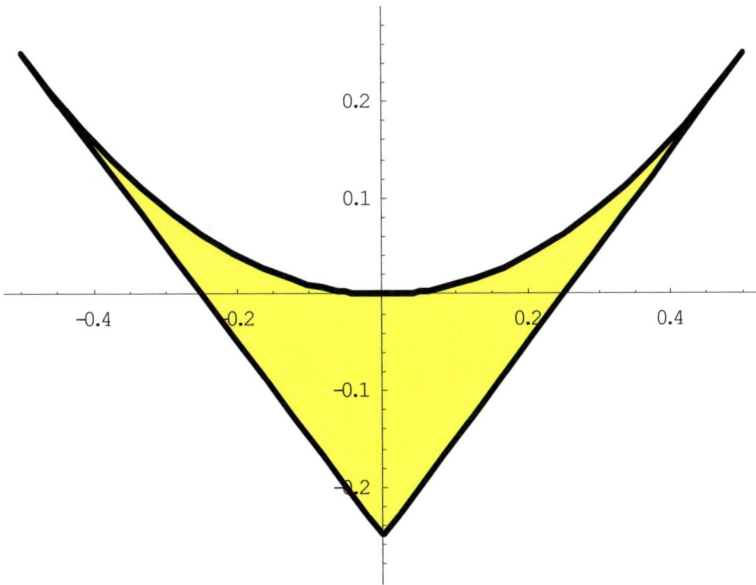

Aufgabe AN30S:

Durch den Punkt Q(-4;0) soll eine Tangente an die Kurve von f(x) = $2\sqrt{x}$ gelegt werden. Bestimme die Fläche, welche die x-Achse mit der Tangenten und der Kurve von f einschließt (siehe Grafik nächste Seite).

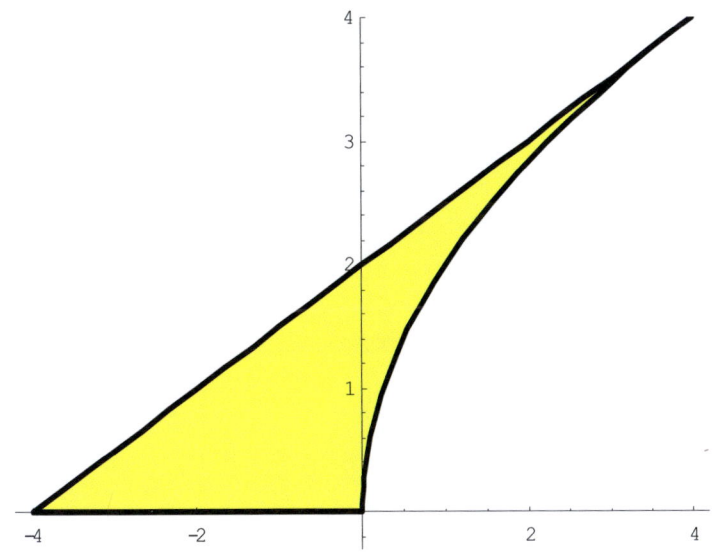

Aufgabe AN31:

Gesucht ist eine ganzrationale Funktion, deren Kurve im Punkt P(3;2) eine Tangente hat, die parallel zur 1. Winkelhalbierenden ist und die im Punkt Q(1;-1) einen Tiefpunkt hat.

Aufgabe AN32:

Welche Fläche schließen die Wendetangenten an die Kurve von $f(x) = x^4 - 6x^2 + 10$ mit der Kurve von f ein?

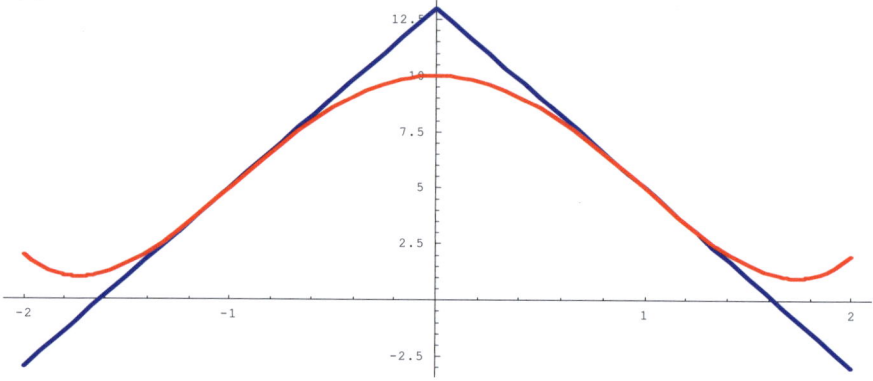

Aufgabe AN33:

Welche Fläche schließen die Tangente in den Hochpunkten von $f(x) = -x^4 + 8x^2 - 10$ mit der Kurve von f ein?

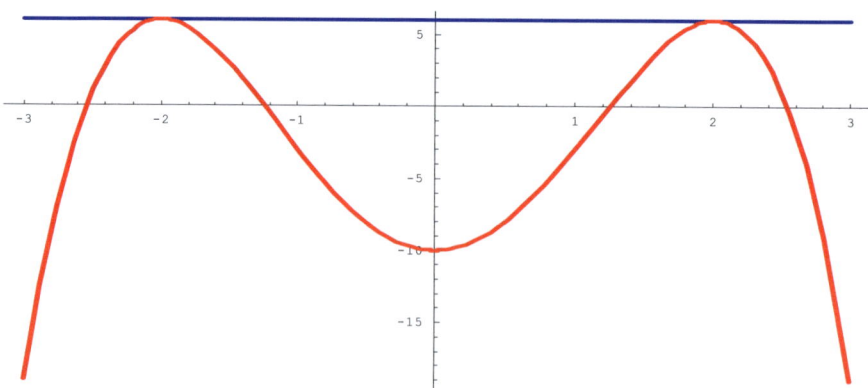

Aufgabe AN34S:

Wie groß ist die Fläche zwischen den Kurven von $f(x)=1/x^2 + 2$, $g(x)= 3x$ und $h(x)= 2$.

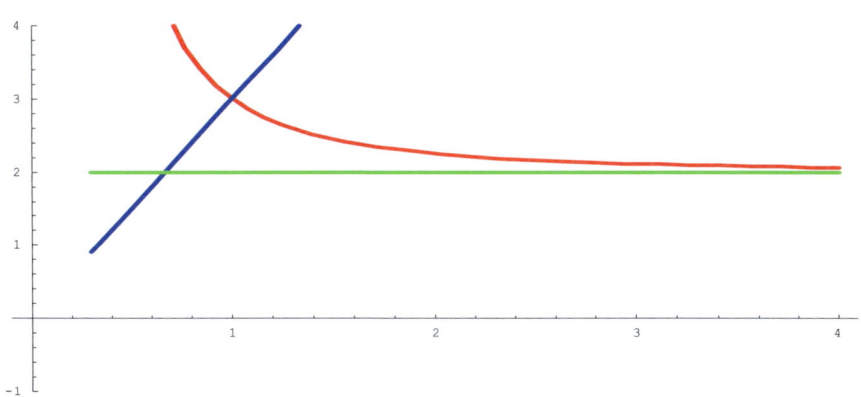

Aufgabe AN35:

Gegeben ist eine Kurvenschar $f_a(x) = x^3 - ax^2 + 2x + 1$. Bestimme a so, dass f an der Stelle $x = -2$ einen Wendepunkt hat.

Aufgabe AN36S:

Gegeben ist eine Kurvenschar $f_t(x) = x^3 - 4tx$, $t \in \mathbb{R}^+$.

a) Bestimme den Parameter t so, dass die Kurve von f mit der x-Achse eine Fläche von 32 FE einschließt.

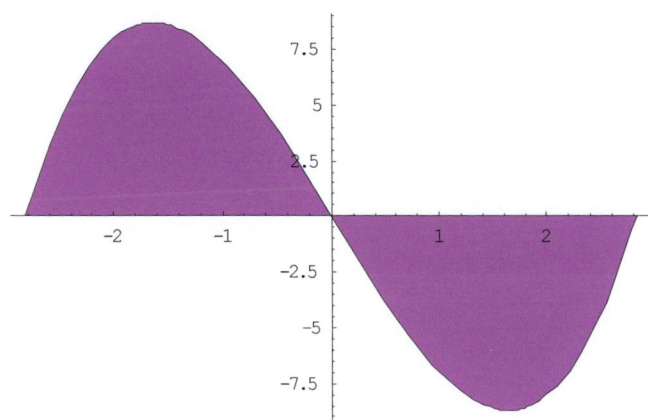

b) Bestimme t so, dass die Kurve von f mit der negativen x-Achse und der Grade x = -1 eine Fläche von 7/4 FE einschließt.

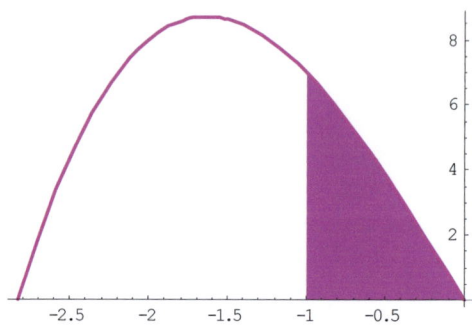

c) Bestimme t so, dass f an der Stelle x = 0 die Tangente y(x) = -12x hat.

Aufgabe AN37:
Berechne den Schnittwinkel der Kurven von $f(x) = x^2 - 2x - 2$ und $g(x) = 2x + 3$ im I. Quadraten.

Aufgabe AN38S:
Gegen ist eine Kurvenschar $f_t(x) = 1/3x^3 - 3tx^2 + 5t^2x$, $t \in \mathbb{R}^+$.
a) Gesucht sind die Extremwerte und Wendepunkte, sowie die Kurve, auf der alle Tiefpunkte dieser Kurvenschar liegen.
b) Bestimme t so, dass der Tiefpunkt von f die Ordinate –25/3 hat.

Aufgabe AN39S:
Gegen ist eine Kurvenschar $f_t(x) = x^3 - tx^2 + 4x$, $t \in \mathbb{R}^+$.
a) Was muß für t gelten, damit f nur eine Nullstelle (bei x = 0) hat?
b) Gesucht ist ein Wert für t, so dass f an der Stelle x = 2 einen Wendepunkt besitzt.

Aufgabe AN40:
a) Führe für die Funktion $f(x) = x \cdot e^{-x}$ eine Kurvendiskussion durch.
b) Zeige, dass $F(x) = (-x-1) \cdot e^{-x}$ eine Stammfunktion von f ist.
c) Bestimme die Fläche, die von dem Graph von f, der x-Achse und die Gerade x = 2 eingeschlossen wird.

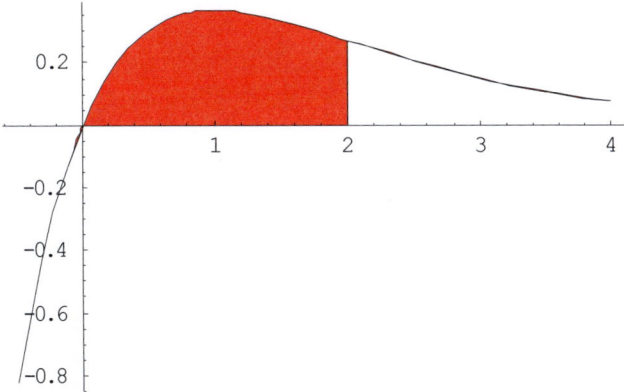

d) Bestimme die Fläche, die der Graph von f und die (positive) x-Achse einschließt, falls diese existiert.

e) Wie muss der Punkt P auf dem Graphen von f gewählt werden, damit dass zu den Achsen parallele Rechteck mit den Eckpunkten O(0;0) und P(u;v) mit u > 0 eine maximale Fläche hat.

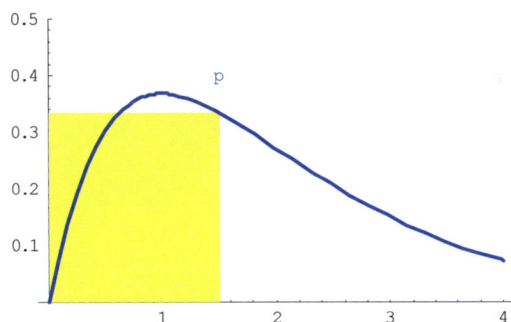

Aufgabe AN41:

a) Führe für die Funktion $f_k(x) = (x-k)·e^{-x}$ eine Kurvendiskussion durch.

b) Zeichne den Graphen von f_1

Aufgabe AN42S:

Gegeben sein $f_a(x) = \dfrac{x}{x^2 + a^2}$ mit a > 0. Bestimme

a) den maximalen Definitionsbereich.

b) die Asymptotengleichung.
c) die Extrema.

2 Lösungen zu den Aufgaben zur Analysis

Lösung AN1:

a)

$f(x) = x^3 - 64x = 0$

$x \cdot (x^2 - 64) = 0$

Da ein Produkt gleich Null ist, wenn ein Faktor gleich Null ist, ergibt sich x_1 = 0 und die rechtlichen Nullstellen erhält man, wenn man $x^2 - 64 = 0$ löst. Hier kann man die p-q-Formel verwenden, oder man kann auch die Gleichung "direkt" auflösen:

$$x^2 - 64 = 0 \qquad | +64$$

$$x^2 = 64 \quad | \sqrt{}$$

Damit ist $x_2 = 8$ und $x_3 = -8$.

b)

$f(x) = 4x^3 + 12x^2 = 0 \quad | : 4$

$x^3 + 3x^2 = 0$

$x^2 \cdot (x + 3) = 0$

Nun kann man wieder jeden einzelnen Faktor gleich Null setzten und erhält:

$x_{1/2} = 0$ und $x_3 = -3$.

c)

$f(x) = x^3 + 8 = 0 \qquad | -8$

$$x^3 = -8 \quad | \sqrt[3]{}$$

$$x = -2$$

Es gibt also nur eine Nullstelle.

Wie man oben sieht, kann man die dritte Wurzel auch aus negativen Zahlen ziehen, denn $(-2)^3 = -8$. Hier ist dann aber $x = 2$ keine Lösung, denn $2^3 = 8$. Bei Gleichungen der Form $x^3 = a$ gibt es somit immer genau eine Lösung, während die Gleichungen $x^2 = a$, $x^4 = a$ oder allgemein $x^n = a$ mit geradem n für $a > 0$ zwei Lösungen haben (für $a = 0$ nur eine und für $a < 0$ keine). Beispielsweise würde man bei $x^4 = 16$ die 4. Wurzel ziehen und es würden sich zwei Lösungen ergeben, $x_1 = \sqrt[4]{16} = 2$ und $x_2 = -\sqrt[4]{16} = -2$, während wiederum $x^4 = -25$ keine Lösung hätte.

d)
$f(x) = x^3 + 4x^2 - 3x - 18 = 0$

Hier muss eine Polynomdivision durchgeführt werden. Es war $x_1 = -3$ angegeben, andernfalls hätten wir durch probieren x_1 finden müssen.

Polynomdivision:

```
 (x³  + 4x² - 3x  - 18) : (x + 3) = x² + x - 6
 -(x³ + 3x²)
 ---------------
         x²  -3x
         -(x² + 3x)
      -----------------
                 -6x  - 18
                 -(-6x  - 18)
                 ---------------
                         0
```

Zu den restlichen Nullstellen:
$x^2 + x - 6 = 0$ mit der p-q-Formel gelöst ergibt: $x_2 = 2$ und $x_3 = -3$

e)
$f(x) = x^3 + 12x^2 - 256 = 0$

Wieder ist eine Polynomdivision notwendig.

Gegeben war $x_1 = -8$.

Polynomdivision:

$(x^3 + 12x^2 + 0x - 256) : (x + 8) = x^2 + 4x - 32$
$-(x^3 + 8x^2)$

$\qquad 4x^2 + 0x$
$\qquad -(4x^2 + 32x)$
$\qquad$ -----------------
$\qquad\qquad -32x - 256$
$\qquad\qquad -(-32x - 256)$
$\qquad\qquad$ ---------------
$\qquad\qquad\qquad 0$

Hier haben wir oben $0x$ "ergänzt", da kein Term der Form a·x vorhanden war. Dies ist nicht unbedingt notwendig, hilft aber bei der Polynomdivision, damit man nicht durcheinander kommt (man könnte oben auch eine Lücke an dieser Stelle lassen).

Zu den restlichen Nullstellen:
$x^2 + 4x - 32 = 0$ mit der p-q-Formel gelöst ergibt: $x_2 = 4$ und $x_3 = -8$

f)
$f(x) = 2x^3 - 4x^2 - 2x + 4 = 0 \qquad | :2$
$\qquad x^3 - 2x^2 - x + 2 = 0$

Wir führen eine Polynomdivision durch. Vor der Polynomdivision hätten wir nicht unbedingt die Gleichung durch 2 dividieren müssen, denn hier könnte auch ein Faktor bzw. Koeffizient ungleich 1 bei x^3 stehen bleiben.

$x_1 = 2$

Die Polynomdivision kann man unter http://mathe-total.de/Test-Polynomdivision/Polynomdivision.php üben.

Polynomdivision:

$(x^3 - 2x^2 - x + 2) : (x - 2) = x^2 - 1$
$-(x^3 - 2x^2)$

$0 \quad -x + 2$
$-(-x + 2)$

0

Hier ergab sich auch ein Spezialfall, denn nach der ersten Subtraktion bei der Polynomdivision blieb kein Rest. Wir mussten danach in einem Schritt zwei Summanden "herunter holen".

Zu den restlichen Nullstellen:
$x^2 - 1 = 0$ mit der p-q-Formel gelöst ergibt: $x_2 = 1$ und $x_3 = -1$

g)
$f(x) = -x^4 + 20x^2 - 64 = 0$

Da nur gerade Potenzen von x vorhanden sind (f ist achsensymmetrisch zur y-Achse), können wir $x^2 = z$ (und damit $x^4 = z^2$) substituieren und erhalten die quadratische Gleichung:

$-z^2 + 20z - 64 = 0$

Die Lösungen der oberen Gleichung ergibt sich mit der p-q-Formel (nachdem man durch -1 dividiert hat, damit man $z^2 - 20z + 64 = 0$ erhält):

$z_1 = 16$ und $z_2 = 4$.

Jetzt wird zurücksubstituiert und wir erhalten die Lösungen der ursprünglichen Gleichung $-x^4 + 20x^2 - 64 = 0$ bzw. die Nullstellen von f:

Lösungen für $x^2 = 16$: $x_1 = 4$, $x_2 = -4$ $\qquad$ ($x_{1/2} = \pm\sqrt{z_1} = \pm\sqrt{16}$)

Lösungen für $x^2 = 4$: $x_3 = 2$, $x_4 = -2$ $\qquad$ ($x_{3/4} = \pm\sqrt{z_2} = \pm\sqrt{4}$)

h)
$f(x) = 2x^4 - 10x^3 + 24x^2 - 32x + 16 = 0$

Da man hier weder x ausklammern kann, noch eine biquadratische Gleichung (d.h. eine Gleichung der Form $ax^4 + bx^2 + c = 0$) vorliegt, müssen zwei Polynomdivisionen durchgeführt werden. Durch Raten finden wir $x_1 = 1$ (hier man auch eine Wertetabelle mit dem Taschenrechner erstellen oder sich die Nullstellen berechnen lassen, damit man nicht lange raten muss), denn $f(1) = 2 - 10 + 24 - 32 + 16 = 0$.

$$
\begin{array}{l}
(2x^4 - 10x^3 + 24x^2 - 32x + 16) : (x - 1) = 2x^3 - 8x^2 + 16x - 16 \\
\underline{-(2x^4 - 2x^3)} \\
\qquad -8x^3 + 24x^2 \\
\qquad \underline{-(-8x^3 + 8x^2)} \\
\qquad\qquad 16x^2 - 32x \\
\qquad\qquad \underline{-(16x^2 - 16x)} \\
\qquad\qquad\qquad -16x + 16 \\
\qquad\qquad\qquad \underline{-(-16x + 16)} \\
\qquad\qquad\qquad\qquad 0
\end{array}
$$

Nun müssen wir noch einmal probieren und finden $x_2 = 2$. Es ergibt sich:

$(2x^3 - 8x^2 + 16x - 16) : (x - 2) = 2x^2 - 4x + 8$

Zuletzt müssen wir noch $2x^2 - 4x + 8 = 0$ auflösen und dividieren zunächst durch 2, damit wir die p-q-Formel anwenden können: $x^2 - 2x + 4 = 0$

Diese Gleichung hat keine Lösung, womit es nur 2 Nullstellen gibt.

i)
$f(x) = (x - 4)(x + 2)(x - 5) = 0$

Diese Gleichung auf keinen Fall ausmultiplizieren, wenn man nur die Nullstellen bestimmen möchte, denn wir können jeden Faktor Null setzen:

x - 4 = 0 liefert x_1 = 4, x + 2 = 0 liefert x_2 = -2 und x - 5 = 0 liefert x_3 = 5.

j)
$f(x) = 2(x^2 - 9)(x + 4)(x^2 + 25) = 0$

Hier gilt das gleiche, wie bei i). Wir setzen jeden Faktor gleich Null:
$x^2 - 9 = 0$ liefert x_1 = 3 und x_2 = -3, x + 4 = 0 liefert x_3 = -4 und $x^2 + 25 = 0$ liefert keine weitere Nullstellen, da diese Gleichung keine Lösung hat, womit es nur 3 Nullstellen gibt.

Lösung AN2:
a) $f(x) = -4x^4 + 281x^2 - 1600 = 0$ ergibt die Nullstellen 8, -8, 5/2, -5/2.
b) $f(x) = -1/2x^3 + 3/2x^2 + 5x - 12 = 0$ ergibt die Nullstellen -3, 2, 4.

Lösung AN3:
a) $f'(x) = 3x^2 - 8x + 8$

b) $f'(x) = 5x^4 - 27x^2$

c) $f'(x) = x^2 - x + 1$

d) $f'(x) = -45x^4 + 4x^3 + 4x^2 + 2$

e) $f'(x) = 3ax^2 + 2bx + c$

f) $f'(x) = 3x^2$

g) $f'(x) = a(6x^2 - 8)$ oder $f'(x) = 6ax^2 - 8a$

h) $f'(x) = (5x^4 - 8x)/3$ $(= 5/3x^4 - 8/3x)$

i) $f'(t) = 3t^2x - 24t$

j) $f'(x) = t^3 + 4x^3$

Lösung AN4:

a) $f'(x) = \sin(x) + x \cdot \cos(x)$

b) $f'(x) = (x^2 + 2x) \cdot e^x$

c) $f'(x) = \dfrac{-2x^2 + 8}{(x^2 + 4)^2}$

d) $f'(x) = \dfrac{10x}{(2x^2 - 3)^2}$

e) $f'(x) = 20(5x + 3)^3$

f) $f'(x) = (2x - 2) \cdot 1/2 \cdot (x^2 - 2x)^{-1/2} = \dfrac{x - 1}{\sqrt{x^2 - 2x}}$

g) $f'(x) = \dfrac{3x^2 + 2}{x^3 + 2x}$

h) $f'(x) = (-4x - 6) \cdot e^{-2x}$

i) $f'(x) = \dfrac{e^x}{(1 + e^x)^2}$

j) $f'(x) = \dfrac{4x - 6}{(2x + 3)^3}$

k) $f'(x) = 2x \cdot \cos(x^2)$

l) $f'(x) = 2 \cdot \sin(x) \cdot \cos(x)$

Lösung AN5:

a) Wir benötigen erst die 1. Ableitung:
   $f'(x) = 2x - 4$

   Nun setzen wir x_0 (d.h. hier 1) in f und f' ein:
   $f(x_0) = f(1) = 1^2 - 4 = -3$
   $m = f'(x_0) = f'(1) = 2 \cdot 1 - 4 = -2$, damit kennen wir die Steigung.
   Jetzt gibt es 2 Möglichkeiten eine Tangentengleichung aufzustellen.

   1. Möglichkeit: Fertige Formel verwenden:
   Gleichung der Tangenten an der Stelle $x = x_0$:
   $f(x) = f'(x_0) \cdot (x - x_0) + f(x_0) = f'(1) \cdot (x - 1) + f(1)$
   $\quad\quad = -2 \cdot (x - 1) - 3$
   $\quad\quad = -2x + 2 - 3$
   $\quad\quad = -2x - 1$

   2. Möglichkeit: Ansatz für Tangentengleichung
   $f(x) = m \cdot x + b$

   Nun ist $m = f'(x_0)$ (siehe oben):
   $m = f'(1) = -2$

   Also haben wir $t(x) = -2x + b$, es ist nur noch b unbekannt.
   Nun wissen wir noch, dass $f(1) = -3$ ist, dann muss auch $t(1) = -3$ sein:
   $t(1) = -2 \cdot 1 + b = -3$
   $\quad\quad -2 + b = -3 \quad\quad | + 2$
   $\quad\quad\quad\quad b = -1$

   Also: $t(x) = -2x - 1$

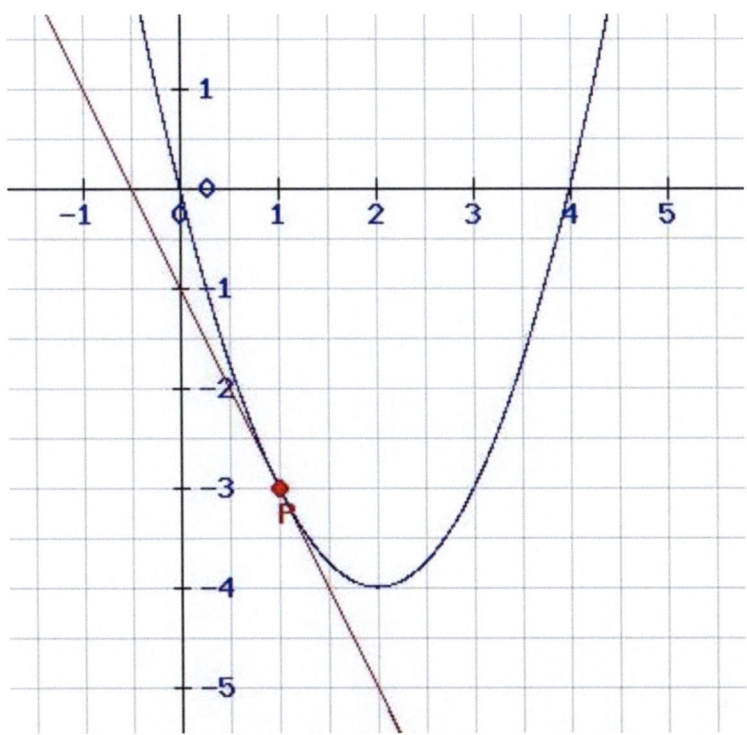

Analog gibt es für die Normalengleichung auch zwei Möglichkeiten:
Möglichkeit 1 für die Normale:

Fertige Formel verwenden: $n(x) = -\dfrac{1}{f'(x_0)} \cdot (x - x_0) + f(x_0)$ mit

$f'(x_0) \neq 0$.

(für $f'(x_0) = 0$ wäre die vertikale Gerade mit der Gleichung $x = x_0$ die Normale)

$$n(x) = -\frac{1}{f'(x_0)} \cdot (x - 1) + f(1)$$
$$= -\frac{1}{-2}(x - 1) - 3$$
$$= 1/2x - \tfrac{1}{2} - 3$$
$$= 0{,}5x - 3{,}5$$

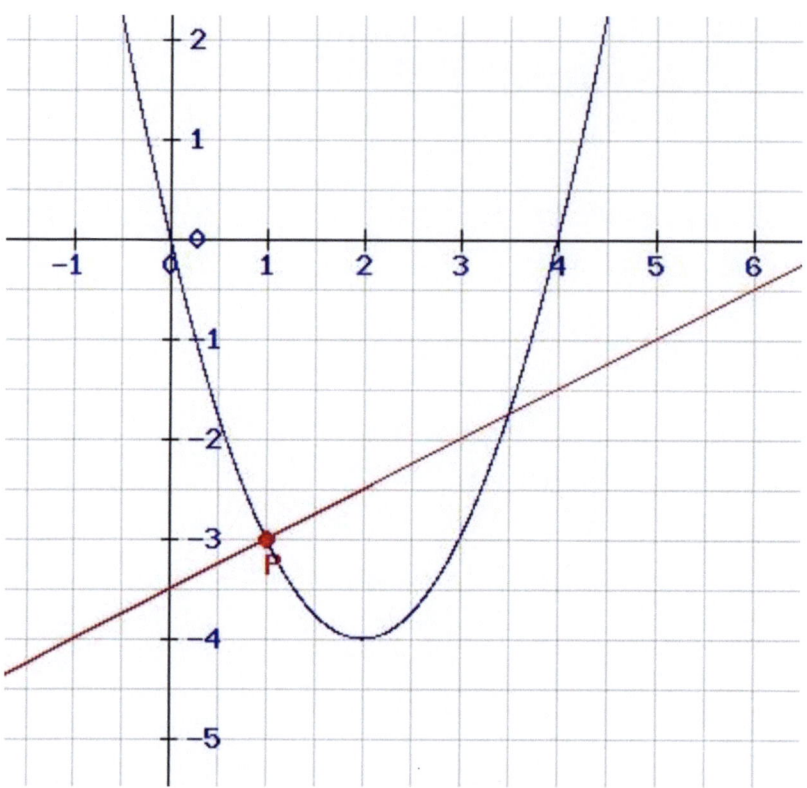

Möglichkeit 2:
$n(x) = m_n \cdot x + c$

m_t ist die Tangentensteigung und m_n die Normalensteigung.
$m_t = f'(x_0) = f'(1) = -2$
Für die Tangenten und Normalensteigung gilt (falls $m_t \neq 0$):
$m_t \cdot m_n = -1$

$$\Rightarrow m_n = -\frac{1}{m_t}$$

Diese Beziehung zwischen den Steigungen gilt immer für orthogonale Geraden (mit von Null verschiedenen Steigungen) und die Normale ist orthogonal zur Tangente.

$$m_n = -\frac{1}{-2} = \frac{1}{2} = 0,5$$

Also: $\quad$ n(x) = 0,5x + c

Jetzt sehen wir nach dem Punkt ein (f(1) = -3 $\Rightarrow$ $\quad$ n(1) = -3)

n(1) = 0,5 · 1 + c = -3 $\qquad$ | -0,5

c = -3,5

n(x) = 0,5x - 3,5

b) $\qquad$ f(x) = 2e^{1/2x} $\qquad\qquad$ (f(x) = e^{ax} $\Rightarrow$ f'(x) = a·e^{ax})

$\quad$ f '(x) = 2 · 1/2e^{1/2x}

$\qquad\quad$ = e^{1/2x}

$x_0 = 0$:

f(0) = 2 · e^0 = 2

f'(0) = e^0 = 1

Tangentengleichung:

t(x) = f'(0) · (x - 0) + f(0)

$\quad\ $ = 1 · (x - 0) + 2

$\quad\ $ = x + 2

Normalengleichung:

$$n(x) = -\frac{1}{f'(0)} \cdot (x - 0) + f(0)$$

$\quad\ $ = -1 · (x - 0) + 2

$\quad\ $ = -x + 2

Hier kann man Tangenten- und Normalengleichungen berechnen lassen:
http://www.alles-mathe.de/Tangente2.html

Lösung AN6:
Zum Polynom mit der Gleichung f(x) = x³-3x²:
Symmetrie:
Der Graph der Funktion ist nicht punktsymmetrisch zum Ursprung (und kann auch nicht achsensymmetrisch zur y-Achse sein, da es sich um ein Polynom dritten Grades handelt).

Zu den Schnittpunkten mit den Koordinatenachsen:
Die Nullstellen lauten $x_1 = 0$, $x_2 = 0$ und $x_3 = 3$ (da $f(x) = x^2(x - 3)$).
Es gibt nur zwei verschiedene Nullstellen (eine davon ist doppelt).
Schnittpunkt mit y-Achse ist $S_y(0;0)$.

Ableitungen:
$f'(x) = 3x^2-6x$
$f''(x) = 6x-6$
$f'''(x) = 6$

Extrema:
Hier müssen wir $f'(x) = 0$ setzen:
$f'(x) = 3x^2-6x = 0$ $|:3$
$\qquad x^2-2x = 0$

Hier braucht man keine p-q-Formel, denn man kann x ausklammern:
$\qquad x(x-2) = 0$

Damit ist $x_1 = 0$ und $x_2 = 2$.
Dies müssen wir jeweils in die zweite Ableitung einsetzen.
$f''(0) = -6 < 0$, also Hochpunkt. $f''(2) = 6 > 0$, also Tiefpunkt.

Nun brauchen wir die Funktionswerte (y-Werte), weshalb wir x_1 und x_2 in die Funktion einsetzen:
$f(0) = 0$
$f(2) = -4$.

Damit gilt:
Tiefpunkt ist $T(2;-4)$ und Hochpunkt ist $H(0;0)$.

Wendepunkt:
Hier müssen wir $f''(x) = 0$ setzen:
$f''(x) = 6x - 6 = 0$ $| + 6$
$\qquad 6x = 6$ $| :6$
$\qquad x = 1$

Dies müssen wir nun in die dritte Ableitung einsetzen.
$f'''(1) = 6$ ist ungleich Null, also liegt ein Wendepunkt vor.

Nun brauchen wir wieder den Funktionswert (y-Werte), weshalb wir in die Funktion einsetzen:

f(1) = -2, womit der Wendepunkt in W(1;-2) liegt.

Grenzwertverhalten:

$$\lim_{x \to \infty} f(x) = \infty \quad \lim_{x \to -\infty} f(x) = -\infty$$

Erklärung siehe http://mathe-total.de/Analysis-Skript/Symmetrie-und-Grenzwertverhalten.pdf.

Graph:

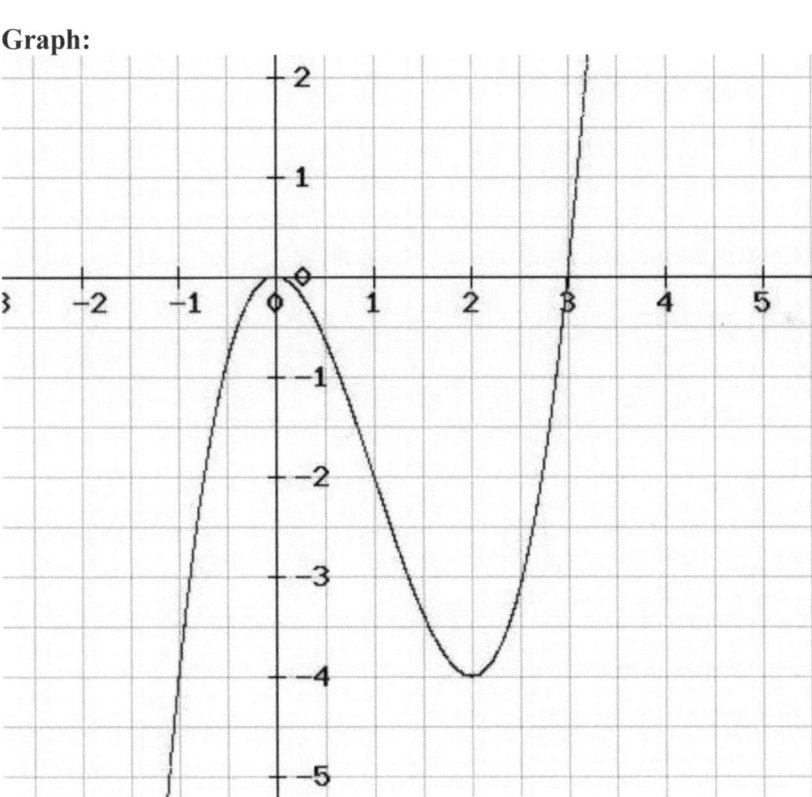

Lösung AN7:

Zur Kurvendiskussion für f(x) = -3x^4 +24x^3 –54x^2.

Nullstellen: $f(x) = -3x^4 +24x^3 -54x^2 = x^2 (-3x^2 +24x -54) = 0$ ergibt: $x_{1/2} = 0$.
$(-3x^2 +24x -54 = 0$ hat keine Lösung)

Extremwerte: $f'(x) = -12x^3 +72x^2 + -108x = x(-12x^2 +72x + -108) = 0$ gilt für $x_{E1} = 0$ und $x_{E2/E3} = 3$. Es gilt $f''(x) = 36x^2 +144x -108$.
Einsetzen von x_{E1}, $x_{E2/E3}$ in die zweite Ableitung ergibt: $f''(0) = -108 < 0$, womit bei $E_1(0;0)$ ein Hochpunkt vorliegt und $f''(3) = 0$.
Vermutung: An der Stelle $x = 3$ liegt ein Sattelpunkt (Wendepunkt mit waagrechter Tangente) vor. Da $f'''(x) = -72x +144$ und $f'''(3) = -72 \neq 0$ gilt, liegt in $S(3, -81)$ ein Sattelpunkt vor.

Wendepunkte: $f''(x) = 36x^2 +144x -108= 0$ gilt für $x_{W1} = 3$ (klar, ist Sattelpunkt) und $x_{W2} = 1$. Da $f'''(1) = 72 \neq 0$ liegt also im Punkt $W_2(1;-33)$ und in $W_2 = S$ jeweils eine Wendepunkt vor.

Symmetrie: Weder Punktsymmetrie zum Ursprung noch Achsensymmetrie zur y-Achse (da gerade und ungerade Exponenten vorhanden sind).

Grenzwertverhalten: $\lim_{x\to\infty} f(x) \to -\infty$, $\lim_{x\to-\infty} f(x) \to -\infty$, da x^4 größte x-Potenz ist und der Koeffizient -3 negativ ist.

Graph:

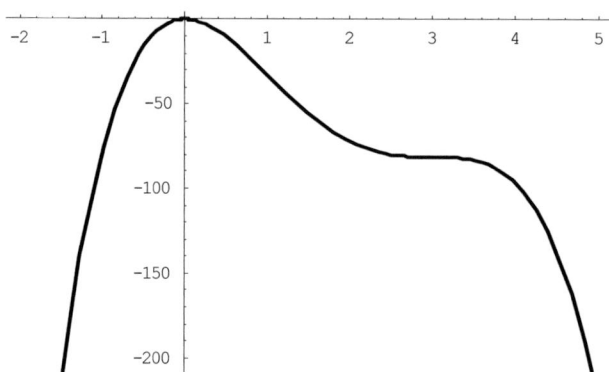

Lösung AN8:
Eine ganzrationale Funktion vierten Grades hat folgende Gestalt:

$$f(x) = ax^4 + bx^3 + cx^2 + dx + e$$

Da der Graf zur y-Achse symmetrisch ist, fallen alle Potenzen mit ungeradem Exponenten weg (d.h. b = d = 0):

$$f(x) = ax^4 + cx^2 + e$$

Somit benötigen wir drei Angaben um die Koeffizienten a, c und e bestimmen zu können:

E(2; 25) ist Extrempunkt, also gilt

(1) $f(2) = 25$, da der Graf durch den Punkt E(2; 25) geht.
(2) $f'(2) = 0$, da an einer Extremstelle die erste Ableitung verschwindet.

Da die Funktion bei x = 3 eine Nullstelle besitzt gilt:

(3) $f(3) = 0$

Wir benötigen die erste Ableitung: $f'(x) = 4ax^3 + 2cx$

Somit haben wir die drei Gleichungen:

$$
\begin{aligned}
&(1)\ 2^4 a + 2^2 c + e = 25 \Leftrightarrow & 16a + 4c + e &= 25 \\
&(2)\ 4 \cdot 2^3 a + 2 \cdot 2c = 0 \ \Leftrightarrow & 32a + 4c\ &= 0 \\
&(3)\ 3^4 a + 3^2 c + e = 0 \ \Leftrightarrow & 81a + 9c + e &= 0
\end{aligned}
$$

Da bei (2) bereits e fehlt, kann man noch die beiden Gleichungen (1) und (3) subtrahieren und erhält dann eine weitere Gleichung (4) nur mit den Unbekannten a und c:

$$
\begin{aligned}
&(2)\quad 32a + 4c = 0 \quad &|:4 \\
&(4)\ {-65a} - 5c = 25 \quad &|:5
\end{aligned}
$$

Man hätte nun die Gleichung (2) mit 5 und die Gleichung (4) mit 4 multiplizieren können um c zu eliminieren, wir dividieren allerdings die Gleichung (2) durch 4 und die Gleichung (4) durch 5:

(5) $8a + c = 0$
(6) $-13a - c = 5$

Addition der beiden Gleichungen (5) und (6) liefert uns $-5a = 5$, womit $a = -1$ ist. Setzt man $a = -1$ in (5) ein, erhält man $c = 8$. Setzt man $a = -1$ und $c = 8$ beispielsweise in (1) ein, so ergibt sich

$$-16 + 32 + e = 25$$

womit $e = 9$ ist.

Somit ist $f(x) = -x^4 + 8x^2 + 9$ die gesuchte Funktion

Lösung AN9:

Tipp: Eine Stammfunktion von $f(x) = x^n$ ist $F(x) = \dfrac{1}{n+1} x^{n+1}$ für $n \neq -1$.
Diese Formel kann man auch bei e) und f) anwenden.

1) a) $F(x) = 2x^3 - 2x^2 + 3x$ (oder $F(x) = 2x^3 - 2x^2 + 3x + 1, \dots$)

   b) $F(x) = \dfrac{1}{5}x^5 - 3x^3 + 3x^2$

   c) $F(x) = \dfrac{2}{3}x^3 - \dfrac{5}{2}x^2 + 2x$

   d) $F(x) = 2x^4 - 4x^3 + 2x^2 + 5x$

   e) Tipp: Mit $f(x) = x^{-\frac{1}{2}}$ ergibt sich: $F(x) = 2x^{\frac{1}{2}} = 2\sqrt{x}$

   f) Tipp: Mit $f(x) = x^{-2}$ ergibt sich: $F(x) = -x^{-1} = -\dfrac{1}{x}$

   g) $F(x) = 4 \cdot \left(\dfrac{1}{4}x^4 - 4x^2 + 2x \right)$ (konstante Faktoren bleiben unverändert)

Lösung AN10:

a)

$$\int_{0}^{2} (3x^2 - 4x + 2)dx = \left[x^3 - 2x^2 + 2x \right]_{0}^{2}$$

$$= 2^3 - 2 \cdot 2^2 + 2 \cdot 2 - 0 = 4$$

b) $\int_{-1}^{1} (x^3 - 8x)dx = 0$ (da der Integrand punktsymmetrisch zum

Ursprung ist)

c)

$$\int_{-1}^{1} (ax^4 + 6x^2)dx = \left[\frac{1}{5}ax^5 + 2x^3 \right]_{-1}^{1}$$

$$= \frac{1}{5}a + 2 - \left(-\frac{1}{5}a - 2 \right)$$

$$= \frac{2}{5}a + 4 = 6$$

Nach a auflösen ergibt a = 5.

Lösung AN11:

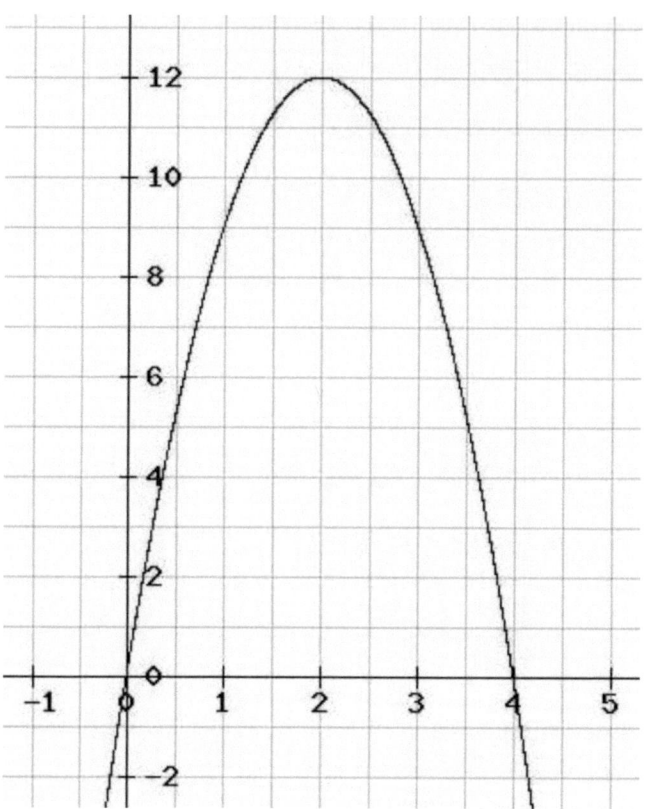

Es werden zunächst die Nullstellen bestimmt:

$f(x) = -3x^2 + 12x = 0 \mid :(-3)$

$\qquad x^2 - 4x = 0$

a) Mit der p-q-Formel, oder wenn man x ausklammert, erhält man $x_1 = 0$ und $x_2 = 4$.

$$A = \int_0^4 (-3x^2 + 12x)\,dx = \left[-x^3 + 6x^2\right]_0^4 = 32 \quad \text{(FE)}$$

b)

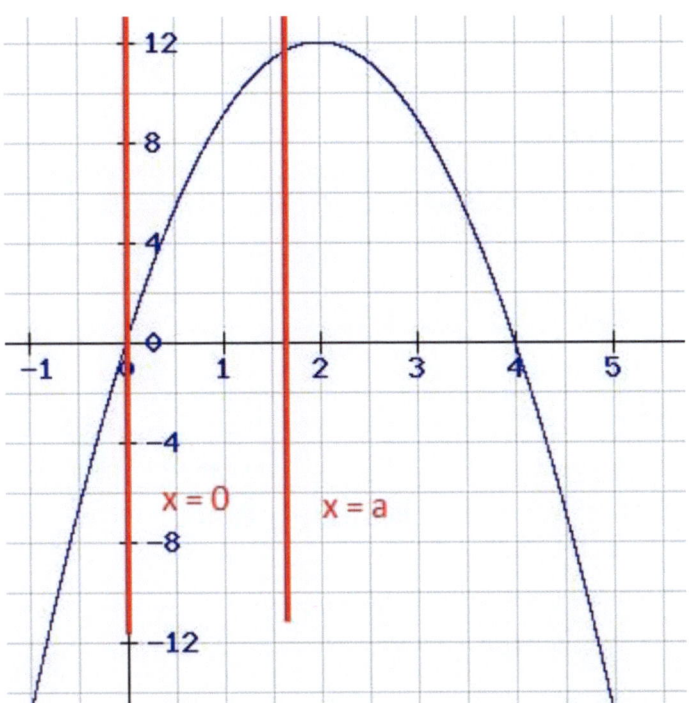

In das Intervall I = [2, 5] fällt eine Nullstelle, nämlich $x_2 = 4$. Damit muss man zwei Integrale berechnen (siehe Grafik):

$$A_1 = \int_2^4 (-3x^2 + 12x)dx = \left[-x^3 + 6x^2\right]_2^4 = 16 \quad \text{(FE)}$$

$$A_2 = \left|\int_4^5 (-3x^2 + 12x)dx\right| = \left|\left[-x^3 + 6x^2\right]_4^5\right| = \left|-7\right| = 7 \quad \text{(FE)}$$

$A = A_1 + A_2 = 23$ (FE)

Lösung AN12:
Es werden zunächst die Nullstellen bestimmt:

$f(x) = x^4 - 4x^2 = x^2 \cdot (x^2 - 4) = 0$

Damit ist $x_{1/2} = 0$.

$x^2 - 4 = 0$ ergibt $x_3 = -2$ und $x_4 = 2$.
Damit muss man zwei Integrale berechnen, wobei die beiden Flächen gleich groß sind, denn f ist achsensymmetrisch zur y-Achse ("es kommen nur gerade Exponenten vor").

$$A_1 = \left| \int_0^2 (x^4 - 4x^2)dx \right| = \left| \left[1/5 \cdot x^5 - 4/3 \cdot x^3 \right]_0^2 \right| = \left| -64/15 \right| = 64/15 \quad \text{(FE)}$$

$$A_2 = \left| \int_{-2}^0 (x^4 - 4x^2)dx \right| = \left| \left[1/5 \cdot x^5 - 4/3 \cdot x^3 \right]_{-2}^0 \right| = \left| -64/15 \right| = 64/15 \quad \text{(FE)}$$

$A = A_1 + A_2 = 128/15 \text{ FE} \approx 8{,}533 \text{ FE}$

Lösung AN13:
Hier müssen zunächst die Schnittstellen bestimmt werden:

$f(x) = g(x)$

$x^2 - 3 = 2x \mid -2x$

$x^2 - 2x - 3 = 0$

Damit ist $x_1 = -1$ und $x_2 = 3$.

Da zwischen den Schnittstellen die Kurve von g über der von f liegt, integrieren wir über g(x) - f(x) (andernfalls müsste man den Betrag verwenden).

$$A = \int\limits_{-1}^{3} (g(x) - f(x))dx = \int\limits_{-1}^{3} (2x - (x^2 - 3))dx = \int\limits_{-1}^{3} (-x^2 + 2x + 3)dx$$

$$= \left[-1/3 \cdot x^3 + x^2 + 3x \right]_{-1}^{3}$$

Also $A = 32/3$ (FE) $\approx 10{,}667$ (FE).

Lösung AN14:

$$A = \int\limits_{0}^{4} e^{-1/2x}dx = \left[-2e^{-1/2x} \right]_{0}^{4} = -2e^{-1/2 \cdot 4} + 2e^{-1/2 \cdot 0} = 2 - 2e^{-2} \approx 1{,}73 \, (FE)$$

Bemerkung:
Die Ableitung von $f(x) = e^{ax + b}$ ist $f'(x) = a \cdot e^{ax + b}$ (Kettenregel) und eine Stammfunktion von f ist $F(x) = 1/a \cdot e^{ax + b}$.

Lösung AN15:

a)
Wir leiten einfach F ab und verwenden die Produktregel:
$u(x) = -x - 3$ und $v(x) = e^{-x}$, damit ist $u'(x) = -1$ und $v'(x) = -e^{-x}$.

$F'(x) = u'(x) \cdot v(x) + v'(x) \cdot u(x) = -1 \cdot e^{-x} - e^{-x} \cdot (-x - 3) = (-1 - (-x - 3)) \cdot e^{-x}$
$\quad = (x + 2) \cdot e^{-x} = f(x)$

Bemerkung:
Es ist allgemein leichter abzuleiten als zu integrieren. Im LK muss man f auch integrieren können, wobei man hier die partielle Integration verwenden kann (siehe http://www.mathe-total.de/Analysis-Skript/Analysis-Integralrechnung.pdf ab S. 73).

Man könnte aber auch eine Stammfunktion von f finden, wenn man den Ansatz $F(x) = (ax + b) \cdot e^{-x}$ verwendet, da F vom selben Typ wie f ist (man kann allgemein $F(x) = (ax + b) \cdot e^{cx}$ bei $f(x) = (px + q) \cdot e^{cx}$ verwenden).

Man leitet dann F ab: $F'(x) = a \cdot e^{-x} - e^{-x}(ax + b) = (-ax - b + a) \cdot e^{-x}$
Danach vergleicht man die Koeffizienten mit $f(x) = (x + 2) \cdot e^{-x}$.
$(-ax + a - b) \cdot e^{-x} = (x + 2) \cdot e^{-x}$

Es muss also -a = 1 sein und a-b = 2. Löst man diese Gleichungen auf, ergibt sich a = -1 und b = -3. Damit erhält man auch $F(x) = (-x - 3) \cdot e^{-x}$.

b)

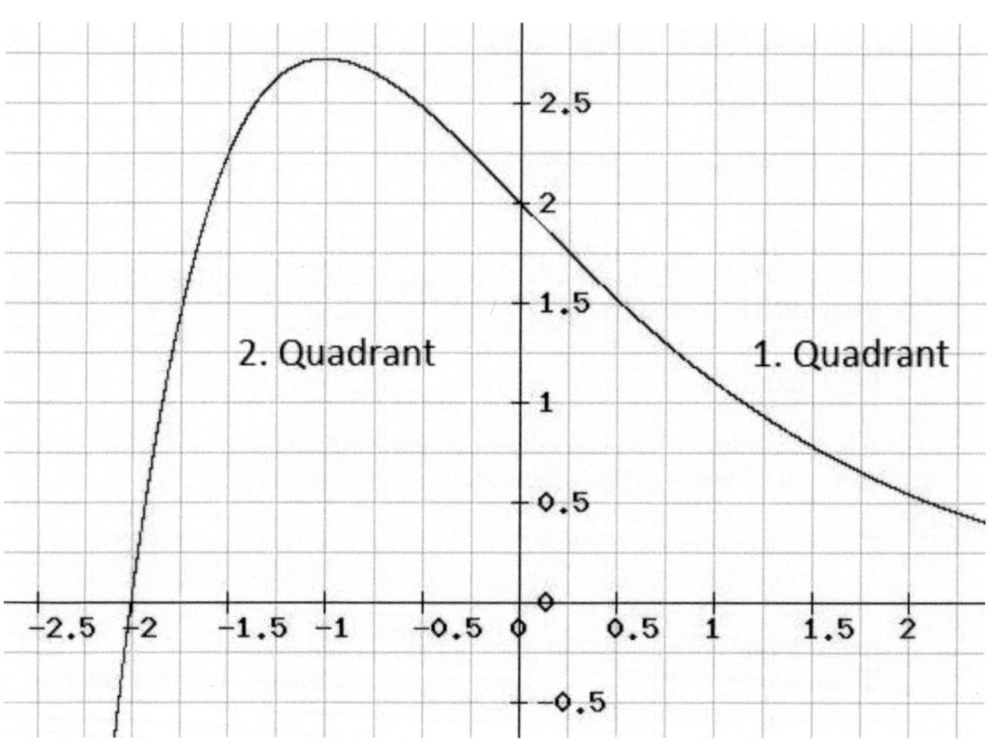

Nullstelle bestimmen: $f(x) = (x + 2) \cdot e^{-x} = 0 \Leftrightarrow x + 2 = 0$
Damit liegt bei x = -2 eine Nullstelle.

$$A = \int_{-2}^{0} (x + 2) \cdot e^{-x} dx \overset{(1)}{=} \left[(-x - 3) \cdot e^{-x} \right]_{-2}^{0}$$

$$= (0 - 3) \cdot e^{0} - (2 - 3) \cdot e^{2} = -3 + e^{2} \approx 4{,}39 \text{ (FE)}$$

[1] hier wurde die Information über die Stammfunktion aus a) verwendet.

Lösung AN16:

Sekantensteigung: $m = \dfrac{f(2) - f(1)}{2 - 1} = 3$. $f'(x) = 3$ ergibt x = 3/2. Also ist der gesuchte Punkt: S(3/2;9/4).

Lösung AN17S:

(1) $f'(2) = -1/\tan(45°) = -1$
(2) $f''(1) = 0$
(3) $f'(1) = 2$

Tangente bei x = 2: t(x) = 2x + b, b folgt aus t(4) = 0 und ist –8, somit ist t(x) = 2x – 8.
Und man kann den Funktionswert von f bei x = 2 berechnen:
(4) f(1) = t(1) = -6

Lösung ist f(x)= $-x^3 + 3x^2$ - x - 7
Diese ergibt sich mit Ansatz dem f(x) = $ax^3 + bx^2 + cx + d$ und den Gleichungen (1) bis (4).

Lösung AN18S:

(1) f(0) = 0
(2) f'(0)=-1/g'(0) = ¼ mit g'(x) = 2x - 4
(3) f''(x) = 2

Lösung ist f(x)= x^2 + 1/4x (mit Ansatz f(x) = $ax^2 + bx + c$).

Lösung AN19S:

(1) f(-1) = 4
(2) f''(-1) = 0
t(x) = mx + b geht durch W (t(-1) = 4) und Q (t(0) = 3), also: t(x) = -x + 3
Somit ergibt sich die Steigung der Tangente im Wendepunkt.
(3) f'(-1) = -1/(-1) = 1

Lösung ist f(x)= $-1/8x^4 + 3/4x^2$ +27/8 (mit Ansatz: f(x) = $ax^4 + bx^2 + c$, da die Funktion achsensymmetrisch zur y-Achse ist und somit nur gerade Exponenten vorhanden sind).

Lösung AN20S:
(1) $f(0) = 0$
(2) $f'(0) = 0$
(3) $f(2) = g(2) = 0$
(4) $f'(2) = g'(2) = -8$

Lösung ist $f(x) = -2x^3 + 4x^2$ (mit Ansatz: $f(x) = ax^3 + bx^2 + cx + d$).

Lösung AN21S:
a)   Anwendung der partiellen Integration:

$$\int u(x)v'(x)dx = u(x)v(x) - \int u'(x)v(x)dx$$

$$\Rightarrow \int \underbrace{x}_{=u(x)} \underbrace{\sin(x)}_{=v'(x)} dx = -x\cos(x) + \int \cos(x) = -x\cos(x) + \sin(x) + c$$

b) $\int \left(5x\sqrt{x^2 + 8}\right) dx$, Substitution: $x^2 + 8 = t \Rightarrow \dfrac{dt}{dx} = 2x \Leftrightarrow dx = \dfrac{dt}{2x}$

$$\int 5x\sqrt{t}\,\frac{dt}{2x} = 5/2 \int t^{1/2} \, dt = \frac{5}{2} \cdot \frac{2}{3} t^{3/2} + c = 5/3\left(x^2 + 8\right)^{3/2} + c$$

Lösung AN22:
$A(x) = 2x \cdot f(x) = 18x - 2x^3$ soll maximal werden (das Rechteck ist 2x breit und f(x) hoch). Also muss A abgeleitet und Null gesetzt werden: $A'(x) = 18 - 6x^2 \Rightarrow x_{1/2} = \pm\sqrt{3}$ und an der Stelle $x = \sqrt{3}$ befindet sich der Hochpunkt. Es gilt: $A(\sqrt{3}) = 12\sqrt{3}$ FE ist die maximale Fläche.

Lösung AN23:
Nullstellen: $f(x) = 0$ ergibt: $x_{1/2} = 2$ und $x_3 = -2$. Man muss eine Nullstelle erraten und dann eine Polynomdivision (siehe AN1) durchführen. Die restlichen Nullstellen kann man dann mit der p-q-Formel bestimmen.
Extremwerte: $f'(x) = -3/2x^2 + 2x + 2 = 0$ gilt für $x_{E1} = 2$ und $x_{E2} = -2/3$. Es gilt $f''(2) = -4 < 0$, womit bei $E_1(2;0)$ ein Hochpunkt vorliegt und $f''(-2/3) = 4 > 0$, womit bei $E_1(-2/3;-128/27)$ ein Tiefpunkt vorliegt.
Wendepunkte: $f''(x) = -3x + 2 = 0$ gilt für $x_W = 2/3$. Da $f'''(2/3) = -3 \neq 0$ liegt also im Punkt $W(2/3;-64/27)$ eine Wendepunkt vor.

Grenzwertverhalten: $\lim\limits_{x \to \infty} f(x) \to -\infty, \quad \lim\limits_{x \to -\infty} f(x) \to \infty$

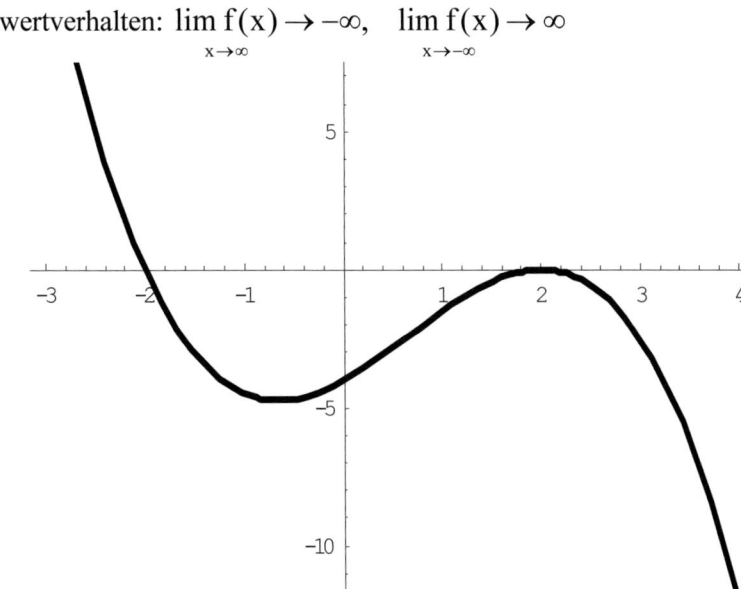

Fläche zwischen Kurve und x-Achse: $\left| \int\limits_{-2}^{2} f(x)dx \right| = 32/3 \text{ (FE)}$

Schnittwinkel y-Achse: $f'(0) = 2 = \tan(\alpha) \Rightarrow \alpha \approx 63.43°$ ist der Winkel zur Waagrechten (zur parallele der x-Achse durch diesen Punkt). Der Schnittwinkel β mit der y-Achse ist der Betrag von $90° - \alpha$, also $\beta = |90° - \alpha| = 26.43°$. Falls sich $\beta > 90°$ ergeben würde, gibt man den Nebenwinkel an und subtrahiert β von $180°$.

Lösung AN24S:
Kurvendiskussion für die Kurvenschar $f_a(x) = -1/a \cdot x^3 + 12x^2$ (a>0):

Nullstellen: $f_a(x) = x^2(-1/a\,x + 12) = 0$ gilt für $x_{1/2} = 0$ und $x_3 = 12a$
Extremwerte: $f_a'(x) = x(-3/a\,x + 24) = 0$ gilt für $x_{E1} = 0$ und $x_{E2} = 8a$.
Es gilt $f_a''(0) = 24 > 0$, womit bei $E_1(0; 0)$ ein Tiefpunkt vorliegt und $f_a''(8a) = -24 < 0$, womit bei $E_1(8a; 256a^2)$ ein Hochpunkt vorliegt.
Wendepunkte: $f_a''(x) = -6/a\,x + 24 = 0$ gilt für $x_W = 4a$.

Da $f_a'''(4a) = -6/a \neq 0$ liegt also im Punkt $W(4a;\ 128a^2)$ eine Wendepunkt vor.

Grenzwertverhalten: $\lim_{x \to \infty} f_a(x) \to -\infty,\ \ \lim_{x \to -\infty} f_a(x) \to \infty$, da a >0.

Gleichung der Wendetangente: $t_a(x) = f_a'(4a)\cdot(x-4a) + f_a(4a) = 48ax - 64a^2$
Bestimme dann a so, dass die Kurve von f_a mit der x-Achse eine Fläche von 27 FE einschließt (f verläuft zwischen 0 und 12a oberhalb der x-Achse):

$$\int_0^{12a} f_a(x)dx = 1728a^3 = 27 \Leftrightarrow a = 1/4$$

Der Graph für a = ¼:

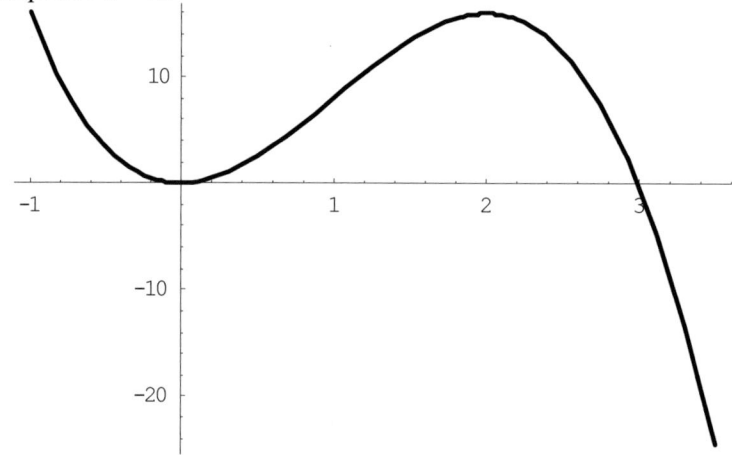

Lösung AN25S:

$f(x) = g(x) \Leftrightarrow x^3 - x\cdot a = 0 \Leftrightarrow x\cdot(x^2-a) = 0$ ergibt $x_1 = 0$ und $x_{2/3} = \pm\sqrt{a}$.

Fläche im I. Quadraten:

$$\int_0^{\sqrt{a}} (g(x)-f(x))dx = a^2/4 = 4 \Rightarrow a = 4 \text{ , da } a > 0 \text{ sein muss.}$$

Achtung: Hier ist der Integrand $g(x) - f(x)$, da die Kurve von g über dem Integrationsintervall über der von f liegt.

Lösung AN26:
$f''(x) = 12x - 4$, $f'(x) = 6x^2 - 4x + c_1$, $f(x) = 2x^3 - 2x^2 + c_1x + c_2$
Es gilt $f(-2) = 4$ und $f'(-2) = 0$, somit ergibt sich $f(x) = 2x^3 - 2x^2 - 32x - 36$.

Lösung AN27:
$f'(1) = 6 - 8 = -2$
$t(x) = f'(1) \cdot (x-1) + f(1) = -2x$ (siehe AN5)
Schnittstellen f und t sind 0 und 1.

$$\int_0^1 f(x) - t(x) = 1/6$$

$f'(x) = 6x^2 - 8x = -2$ ergibt $x = 1$ oder $x = 1/3$
Also hat f in dem Punkt $P(1/3; -10/27)$ die gleiche Steigung.

Lösung AN28:
$t(x) = mx + b$.
Es gilt:
$t(2) = 2m+b = -3$
$t(x_0) = f(x_0)$: $mx_0 + b = x_0^2 + 2$
$t'(x_0) = f'(x_0)$: $m = 2x_0$

Es gibt also 3 Unbekannte, da die Parameter der Geradengleichung m und b und die Berührstelle x_0 unbekannt sind. Es ergeben sich zwei möglich Stellen: $x_0 = 5$ mit Tangentengleichung $t(x) = 10x - 23$ oder $x_0 = -1$ mit $t(x) = -2x + 1$. Siehe hierzu auch Aufgabe 4 unter http://mathe-total.de/new/Tangenten-und-Normalen.pdf.

Lösung AN29S:
Die Tagentengleichungen (die Achsenabschnitte sind wegen der Symmetrie gleich):
$t_1(x) = m_1x + b$
$t_2(x) = m_2x + b$

Es gilt:
(1) $t_1(x_0) = f(x_0)$: $m_1x_0 + b = x_0^2$
(2) $t_1'(x_0) = f'(x_0)$: $m_1 = 2x_0$

(3) $t_2'(-x_0) = f'(x_0)$: $m_2 = -2x_0$
(4) $m_1 \cdot m_2 = -1$ (wegen der Orthogonalität)

Es gibt also 4 Unbekannte, da die Parameter der Geradengleichungen m_1, m_2 und b und die Berührstelle x_0 (bzw. $-x_0$) unbekannt sind. Mit (2) und (3) folgt $m_1 = -m_2$ und nun folgt zusammen mit (4) $m_1 = \pm 1$. Wir wählen $m_1 = 1$ und erhalten $m_2 = -1$. Nun ergibt sich $x_0 = \frac{1}{2}$ und $b = -1/4$.

Somit erhalten wir die beiden Tangentengleichungen:
$t_1(x) = x - \frac{1}{4}$ und $t_2(x) = -x - \frac{1}{4}$. Wegen der Symmetrie genügt es zur Bestimmung der Fläche nur über den Bereich von 0 bis $\frac{1}{2}$ zu integrieren:

$$2 \int_0^{1/2} \left(f(x) - t_1(x)\right)dx = 1/12 \text{ (FE)}$$

Lösung AN30S:
Tangentengleichung: $t(x) = m \cdot x + b$.
Es gilt:
   (1) $t(-4) = -4m + b = 0 \Leftrightarrow b = 4m$
   (2) $t(x_0) = f(x_0)$: $m \cdot x_0 + b = 2\sqrt{x_0}$
   (3) $t'(x_0) = f'(x_0)$: $m = \dfrac{1}{\sqrt{x_0}}$

(1) in (2) und dann (3) in diese eingesetzt, ergibt eine Gleichung für x_0, die man am einfachsten mit $2\sqrt{x_0}$ multipliziert.

Es ergibt sich die Stelle: $x_0 = 4$ und $t(x) = 1/2x + 2$

$$\int_{-4}^0 t(x)\,dx + \int_0^4 \left(t(x) - f(x)\right)dx = 4 + 4/3 = 16/3 \text{ (FE)}.$$ Achtung, falls man beim zweiten Integral über $f(x) - t(x)$ integriert muss man den Betrag $\left| \int_0^4 \left(f(x) - t(x)\right)dx \right|$ verwenden!

Lösung AN31:

Ansatz: $f(x) = ax^3 + bx^2 + cx + d$

   (1) $f(3) = 2$
   (2) $f'(3) = 1$
   (3) $f(1) = -1$
   (4) $f'(1) = 0$

Lösung: $f(x) = -1/2x^3 + 13/4x^2 - 5x + 5/4$

Lösung AN32:

Wendepunkte: $f''(x) = 12x^2 - 12 = 0$ ergibt Wendepunkte bei $x = -1$ und $x = 1$. Aus Symmetriegründen genügt die Bestimmung einer Tangentengleichung, z.B. der Tangente im Wendepunkte $W_1(1;5)$. Die Gleichung dieser Tangente ist $t(x) = f'(1)(x-1) + f(1) = -8x + 13$.

$$A = 2 \cdot \int_0^1 (t(x) - f(x)) \, dx = 8/5 \text{ (FE)}$$

Siehe auch in http://mathe-total.de/Analysis-Skript/Analysis-Differentialrechnung.pdf das Kapitel Tangenten und Normalen.

Lösung AN33:

$f'(x) = 0$ ergibt Extremwerte bei $x = -2$, $x = 0$, $x = 2$. Da $f''(-2) < 0$ und $f''(2) < 0$ liegen bei $x = -2$ und $x = 2$ Hochpunkte vor. Hochpunkte sind also $E_1(-2;6)$ und $E_3(2;6)$. Da die Tangenten waagrecht (in den Hochpunkten) sind, haben sie beide die Gleichung $t(x) = 6$.

Aus Symmetriegründen genügt wieder nur über z.B. von 0 bis 2 zu integrieren:

$$A = 2 \cdot \int_0^2 (t(x) - f(x)) \, dx = 512/15 \text{ (FE)}$$

Lösung AN34S:

$$\int_{x_1}^{x_2} (g(x) - h(x)) \, dx + \int_{x_2}^{\infty} (f(x) - h(x)) \, dx = 1/6 + 1 = 7/6 \text{ (FE)}$$

$x_1 = 2/3$ ist Schnittpunkt h mit g und $x_2 = 1$ ist Schnittpunkt von f mit g. Bei der Integration oben muss man $1/x^2 = x^{-2}$ verwenden. Zu Flächen zwischen

Kurven siehe auch http://mathe-total.de/new/Flaechen-Integralrechnung.pdf. Zu unendlich ausgedehnten Flächen siehe http://mathe-total.de/new/Aufgaben-zu-Flaechen-mit-e-Funktionen.pdf.

Lösung AN35
$f''(-2) = 6(-2) - 2a = 0$ ergibt $a = -6$.

Lösung AN36:

a) Nullstellen von $f_t(x) = x^3 - 4tx$, $t \in \mathbb{R}^+$: $x(x^2 - 4t) = 0$ ergibt $x_1 = 0$,

$x_{2/3} = \pm 2\sqrt{t}$.

Wegen der Symmetrie: $A = 2 \int_{-2\sqrt{t}}^{0} \left(x^3 - 4tx \right) dx = 8t^2$

$8t^2 = 32 \Rightarrow t = 2$, da $t > 0$ sein muß.

b) $\int_{-1}^{0} \left(x^3 - 4tx \right) dx = -1/4 + 2t = 7/4 \Leftrightarrow t = 1$

c) $m = f'(0) = -4t$, $t(x) = -4tx = -12x$, also $t = 3$.

Lösung AN37:

Schnittpunkt: $f(x) = g(x)$ ergibt $x = -1$ und $x = 5$. Schnittpunkt $P(5;f(5))=P(5;13)$ liegt im I. Quadraten. Der Winkel von f zur waagrechten ist:

$\tan(\alpha_f) = f'(5) = 8 \Rightarrow \alpha_f \approx 82{,}875°$.

Analog für g: $\tan(\alpha_g) = g'(5) = 2 \Rightarrow \alpha_g \approx 63{,}435°$.

Schnittwinkel: $\alpha = \alpha_f - \alpha_g = 19{,}44°$.

Lösung AN38S:

$f_t(x) = 1/3 x^3 - 3tx^2 + 5t^2 x$, $t \in \mathbb{R}^+$.

a) Extremwerte: $E_1(t; 7/3t^3)$ ist Hochpunkt (HP) und $E_2(5t; -25/3t^3)$ ist Tiefpunkt (TP)

Wendepunkte: $W(3t; -3t^3)$

Kurve, auf der alle Tiefpunkte dieser Kurvenschar liegen: Der Tiefpunkt hat die x-Koordinate 5t also gilt 5t = x und somit t = x/5. In die y-Koordinate eingesetzt ergibt:

$o(x) = -25/3(x/5)^3 = -x^3/15$ (x>0, da t>0) ist die Gleichung der Kurve, auf der alle Tiefpunkte liegen.

a) $-25/3t^3 = -25/3$, somit gilt t = 1.

Lösung AN39S:

$f_t(x) = x^3 - tx^2 + 4x$, $t \in \mathbb{R}^+$.

a) $x^2 - t x + 4 = 0$, mit der p-q Formel folgt: $x_{1/2} = t/2 \pm \sqrt{t^2/4 - 4}$

   Nun muss der Radikant negativ werden, damit es keine weiteren Nullstellen gibt. Er ist für t = 4 (und -4) gleich Null und für 0 < t < 4 negativ (da t >0 sein muß, sonst könnte -4 < t < 4 gelten).

b) $f_t''(x) = 0$ ergibt x = t/3. Da x = 2 gilt, folgt t = 6.

Lösung AN40:

a) Führe für die Funktion $f(x) = x \cdot e^{-x}$ eine Kurvendiskussion durch.

1) Nullstellen: $f(x) = x \cdot e^{-x} = 0$

   Da f(x) aus einem Produkt besteht, ist f(x) genau dann gleich Null, wenn x = 0 oder wenn e^{-x} gleich Null ist. Somit ergibt sich die Nullstelle x = 0.

2) Grenzwertverhalten:

$$\lim_{x \to \infty} f(x) = \lim_{x \to \infty} x \cdot e^{-x} = 0, \text{ da } \lim_{x \to \infty} e^{-x} = 0$$, denn die e-Funktion „wächst stärker" als jede Potenzfunktion x^n. Theoretisch kann man dies mit der Regel von L´Hospital nachweisen (unten wird der Zähler und der Nenner getrennt nach x abgeleitet):

$$\lim_{x \to -\infty} f(x) = \lim_{x \to -\infty} x \cdot e^{-x} = \lim_{x \to -\infty} \frac{x}{e^{-x}} = \lim_{x \to -\infty} \frac{1}{-e^{-x}} = \lim_{x \to -\infty} -e^x = 0$$

3) Symmetrie:

Kein (einfaches) Symmetrieverhalten. Ein Produkt aus zwei Funktionen (gleiches gilt für den Quotienten) ist symmetrisch, wenn beide Faktoren achsensymmetrisch zur y-Achse bzw. punktsymmetrisch zum Ursprung wären. u(x)·v(x) ist dann achsensymmetrisch zur y-Achse, wenn beide Funktionen u und v achsensymmetrisch zur y-Achse oder wenn beide

Funktionen punktsymmetrisch zum Ursprung sind. Ist u punktsymmetrisch zum Ursprung und v achsensymmetrisch zur y-Achse (oder umgekehrt), so wäre das Produkt punktsymmetrisch zum Ursprung.

4) Lokale Extrema:

$f'(x) = 1 \cdot e^{-x} + x \cdot (-1) \cdot e^{-x} = (-x + 1) \cdot e^{-x}$ (Produktregel)

$f''(x) = (x - 2) \cdot e^{-x}$

$f'(x) = 0 \Leftrightarrow (-x + 1) \cdot e^{-x} = 0 \Leftrightarrow -x + 1 = 0$

Also $x_e = 1$.

$f''(x_e) = (1 - 2) \cdot e^{-1} < 0$,

$f(x_e) = 1 \cdot e^{-1} = 1/e \approx 0.37$, also ist E(1;1/e) ein Hochpunkt.

5) Wendepunkte:

$f''(x) = (x - 2) \cdot e^{-x}$; $f'''(x) = (-x + 3) \cdot e^{-x}$

$f''(x) = 0 \Leftrightarrow (x - 2) \cdot e^{-x} = 0 \Leftrightarrow x - 2 = 0$

Also $x_w = 2$.

$f'''(x_w) = (-2 + 3) \cdot e^{-2} \neq 0$,

$f(x_w) = 2 \cdot e^{-2} \approx 0.27$, also W(2; $2 \cdot e^{-2}$) ist Wendepunkt.

6) Graph:

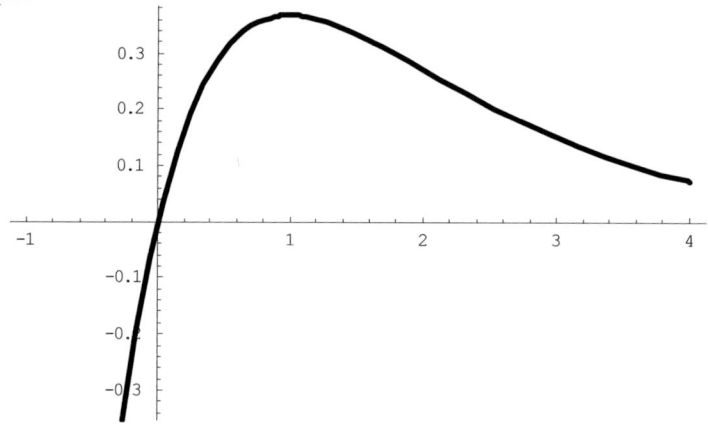

b) Es gilt:

$F'(x) = -1 \cdot e^{-x} + (-x - 1) \cdot (-1) \cdot e^{-x} = x \cdot e^{-x} = f(x)$ (Produktregel). Also ist F eine Stammfunktion von f.

c) $\int\limits_0^2 f(x)dx = \left[(-x-1)\cdot e^{-x}\right]_0^2 = (-2-1)\cdot e^{-2} - (-0-1)\cdot e^{-0} \approx 0{,}594$

Also $A \approx 0{,}594$ FE.

d)

$\int\limits_0^\infty f(x)dx = \lim\limits_{a\to\infty}\left[(-x-1)\cdot e^{-x}\right]_0^a = \lim\limits_{a\to\infty}(-a-1)\cdot e^{-a} - (-0-1)\cdot e^{-0} = 0 + 1 = 1$

Also $A = 1$ FE.

e) $A(x) = \text{Länge}(x)\cdot\text{Breite}(x) = x\cdot f(x) = x^2\cdot e^{-x}$.

Für welches x ist A maximal:

$A'(x) = (-x^2 + 2x)\cdot e^{-x} = 0 \Leftrightarrow -x^2 + 2x = x\cdot(-x+2) = 0$. Also $x_1 = 0$ und $x_2 = 2$
(Es gilt $A''(2) < 0$ und $A''(0) > 0$). Also gilt $u = 2$ und somit $v = f(u) = 2e^{-2}$.

Der Punkt lautet $P(2; 2e^{-2})$.

Lösung AN41:

a) Wir führen für die Funktion $f_k(x) = (x-k)\cdot e^{-x}$ eine Kurvendiskussion durch:

1) Nullstellen: $f(x) = (x-k)\cdot e^{-x} = 0 \Leftrightarrow x - k = 0$
   Somit ergibt sich die Nullstelle $x = k$.

2) Grenzwertverhalten:

   $\lim\limits_{x\to\infty} f(x) = \lim\limits_{x\to\infty}(x - k)\cdot e^{-x} = 0$

   $\lim\limits_{x\to-\infty} f(x) = \lim\limits_{x\to-\infty}(x - k)\cdot e^{-x} = -\infty$

3) Symmetrie:
   Weder punktsymmetrisch zum Ursprung noch achsensymmetrisch zur
   y-Achse, da weder $f(-x) = -f(x)$ gilt, noch $f(-x) = f(x)$.

4) Lokale Extrema:
   $f'(x) = 1\cdot e^{-x} + (x - k)\cdot(-1)\cdot e^{-x} = (-x + 1 + k)\cdot e^{-x}$ (Produktregel)
   $f''(x) = (x - 2 - k)\cdot e^{-x}$
   $f'(x) = 0 \Leftrightarrow (-x + 1 + k)\cdot e^{-x} = 0 \Leftrightarrow -x + 1 + k = 0$
   Also $x_e = 1 + k$.

$f''(x_e) = (1 + k - 2 - k) \cdot e^{-1-k} = -e^{-1-k} < 0$,
$f(x_e) = 1 \cdot e^{-1-k} = e^{-1-k}$, also E(1+k; e^{-1-k}) ist Hochpunkt.

5) Wendepunkte:

$f''(x) = (x - 2 - k) \cdot e^{-x}$; $f'''(x) = (-x + 3 + k) \cdot e^{-x}$
$f''(x) = 0 \Leftrightarrow (x - 2 - k) \cdot e^{-x} = 0 \Leftrightarrow x - 2 - k = 0$
Also $x_w = 2 + k$.
$f'''(x_w) = (-2 - k + 3 + k) \cdot e^{-2-k} = e^{-2-k} \neq 0$,
$f(x_w) = 2 \cdot e^{-2-k}$, also W(1; $2 \cdot e^{-2-k}$) ist Wendepunkt.

b) Graphen von f_1:

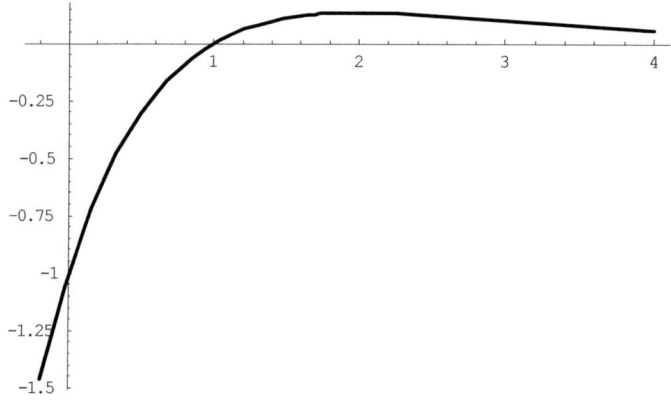

Lösung AN42S:
a) Da das Polynom im Nenner ($q(x) = x^2 + a^2$) für a > 0 keine Nullstellen hat, gibt es keine Definitionslücken, womit $D = \mathbb{R}$ gilt.

b) Es gilt:

$$\lim_{x \to \pm\infty} \frac{x}{x^2 + a^2} = \lim_{x \to \pm\infty} \frac{x^2 \cdot 1/x}{x^2 \cdot (1 + a^2/x^2)} = \lim_{x \to \pm\infty} \frac{1/x}{(1 + a^2/x^2)} = \frac{0}{1+0} = 0.$$

Somit ist die x-Achse bzw. die Funktion y = 0 eine Asymptote von f. Bei gebrochenrationalen Funktionen ist immer y = 0 eine Asymptote, wenn der Grad des Polynoms im Nenner (hier 2) größer als der des Polynoms im

Zähler ist (hier 1). Im anderen Fall kann die Asymptote eine parallele zur x-Achse sein (wenn der Grad des Nennerpolynoms gleich dem des Zählerpolynoms ist) oder sogar allgemein ein Polynom r-ten Grades, wenn der Grad des Polynoms im Zähler (bezeichnen wir diesen mit n) größer als der des Grades im Nenner (bezeichnen wir diesen mit m) ist. Es gilt dann r = n – m. Um die Asymptote in diesem Fall bestimmen zu können, muss eine Polynomdivision durchgeführt werden.

c) Es gilt: $f_a'(x) = \dfrac{a^2 - x^2}{(x^2 + a^2)^2}$, $f_a''(x) = \dfrac{2x^3 - 6a^2x}{(x^2 + a^2)^3}$. $f_a'(x) = 0$ wenn $a^2 - x^2 = 0$ ist. Wir erhalten $x_{E1} = a$ und $x_{E2} = -a$ als mögliche Extremstellen. Es gilt $f''(a) = -1/(2a^3) < 0$ (da $a > 0$) und $f''(-a) = 1/(2a^3) > 0$. Somit liegt im Punkt $E_1(a; 1/(2a))$ ein lokales Maximum und im Punkt $E_1(-a; -1/(2a))$ ein lokales Minimum vor.

Bemerkung:

Soll das Symmetrieverhalten bei gebrochenrationalen Funktionen untersucht werden und ist u das Zähler- und v das Nennerpolynom, dann ist f achsensymmetrisch zur y-Achse, wenn u und v beide achsensymmetrisch oder wenn u und v jeweils punktsymmetrisch zum Ursprung sind. Ist u achsensymmetrisch zur y-Achse und v punktsymmetrisch zum Ursprung oder umgekehrt, dann ist f punktsymmetrisch zum Ursprung.

3 Aufgaben zur analytische Geometrie (Lineare Algebra)

Bemerkungen:

1) Für die Aufgaben, in denen eine Geradengleichung in Parameterform oder eine Ebenengleichung bestimmt werden soll, gibt es i.A. mehrere Möglichkeiten. In der Lösung zu der entsprechenden Aufgabe wird dann jeweils eine Möglichkeit angegeben.

2) Als Parameter bei Geradengleichungen und Ebenengleichungen in Parameterform werden teils Buchstaben wie r, s und t verwendet, aber auch griechische Buchstaben wie μ (gesprochen: „Mü") oder λ (gesprochen: „Lambda"). Wer Probleme mit den griechischen Buchstaben hat, kann diese auch ersetzen.

3) Erklärungen zur analytischen Geometrie findet man unter http://mathe-total.de/LA-Skript/LA.html.

Aufgabe LA1:
  a) Die Punkte A(4;1;-3), B(5;3;2), C(8;3;1) sind Eckpunkte eines Parallelogramms. Bestimme den fehlenden Eckpunkt D und die Länge der Diagonalen.
  b) Bestimme eine Parameterform der Ebenen durch die Punkte P(1;4;3), Q(2;1;5) R(1;4;4). Prüfe ob der Punkt S(2;1;7) in der Ebene E liegt.
  c) Bestimme die Gleichung der Ebene E aus b) in Koordinatenform.
  d) Bestimme eine Gleichung einer parallele Ebene zu E durch den Punkt H(1;1;3) in Koordinatenform.

Aufgabe LA2:
Gegeben sei ein Quader A(-2;0;0), B(4;0;0), C(4;3;0), D(-2;3;0), E(-2;0;5), F(4;0;5), G(4;3;5), H(-2;3;5). Fertige eine Skizze an und bestimme die Länge und den Schnittpunkt der Raumdiagonalen $\overline{AG}, \overline{BH}$. Welches Volumen hat der Quader?

Aufgabe LA3:

Gesucht wird der Schnittpunkt der Ebene E mit der Geraden g:

Es sei E: x − y + z = 4, g: $\vec{x} = \begin{pmatrix} -1 \\ 0 \\ 3 \end{pmatrix} + t \begin{pmatrix} 1 \\ 0 \\ 0 \end{pmatrix}$.

Aufgabe LA4:

Gegeben sind 3 Geraden:

g: $\vec{x} = \begin{pmatrix} 11 \\ 2 \\ 5 \end{pmatrix} + \lambda \begin{pmatrix} -5 \\ 0 \\ -2 \end{pmatrix}$, h: $\vec{x} = \begin{pmatrix} 4 \\ 6 \\ 9 \end{pmatrix} + \mu \begin{pmatrix} 4 \\ 2 \\ 5 \end{pmatrix}$ und i: $\vec{x} = \begin{pmatrix} 5 \\ -6 \\ -11 \end{pmatrix} + \eta \begin{pmatrix} 1 \\ -2 \\ -3 \end{pmatrix}$

Diese bilden ein Dreieck. Bestimme den Umfang und die Fläche dieses Dreiecks.

Aufgabe LA5:

Gegeben ist die Gleichung einer Ebene: $\vec{x} = \begin{pmatrix} 4 \\ 0 \\ 0 \end{pmatrix} + \lambda \begin{pmatrix} 1 \\ 2 \\ 2 \end{pmatrix} + \nu \begin{pmatrix} -1 \\ 0 \\ 1 \end{pmatrix}$

Gesucht wird
a)   eine Gerade, die Parallel zu E ist.
b)   eine Gerade, die in E liegt.
c)   eine Gerade, die E genau in einem Punkt schneidet.
d)   eine Gerade, die E senkrecht schneidet.

Aufgabe LA6:

Gegeben sei die Gerade g: $\vec{x} = \begin{pmatrix} -1 \\ 1 \\ 0 \end{pmatrix} + \mu \begin{pmatrix} 1 \\ -1 \\ a \end{pmatrix}$

I) Bestimme a so, dass

a) die Gerade g durch den P(2;-2;-12) geht. Für welche a geht g nicht durch P?

b) die Gerade g sich mit der Gerade h: $\bar{x} = \begin{pmatrix} 2 \\ 2 \\ 3 \end{pmatrix} + \lambda \begin{pmatrix} 1 \\ -2 \\ 1 \end{pmatrix}$ schneidet.

II) Bestimme den Schnittpunkt von g mit der x_1-x_3 Ebene.

Aufgabe LA7:

Gegeben ist die Ebene E: $\bar{x} = \bar{a} + s \cdot (\bar{b} - \bar{a}) + t \cdot (\bar{c} - \bar{a})$. Es gelte s+t=1. Wie lautet eine Gleichung der Geraden, die sich hieraus ergibt.

Aufgabe LA8:

Gegeben ist eine Gerade g: $\bar{x} = \begin{pmatrix} 2 \\ 1 \\ 1 \end{pmatrix} + \mu \begin{pmatrix} 2 \\ -2 \\ -1 \end{pmatrix}$ und ein Punkt P(-4;2;-4).

Gesucht wird

a) der Fußpunkt F_P des Lotes von P auf g.
b) der Abstand des Punktes P von g.
c) der Punkt P′, der durch Spiegelung von P an g entsteht.

(Tipp zu c): Bestimme den Vektor $\bar{d}$ von P nach F_P und addiere diesen zu $\vec{f}_P = \overrightarrow{0F_p}$).

Aufgabe LA9:

Gegeben sind die beiden Geraden g: $\vec{x} = \begin{pmatrix} -1 \\ 1 \\ 0 \end{pmatrix} + \mu \begin{pmatrix} 1 \\ -2 \\ 1 \end{pmatrix}$ und

h: $\vec{x} = \begin{pmatrix} 2 \\ 1 \\ 3 \end{pmatrix} + \lambda \begin{pmatrix} -2 \\ 4 \\ -2 \end{pmatrix}$ in Parameterform.

a)   Wie ist die Lage der beiden Graden zueinander.
b)   Bestimme den Abstand der beiden Geraden.

Bemerkung:

Sind zwei windschiefe Geraden g: $\vec{x} = \vec{a}_1 + \mu \cdot \vec{v}_1$ und h: $\vec{x} = \vec{a}_2 + \lambda \cdot \vec{v}_2$ gegeben, so müssen zunächst die beiden Punkte P_g auf g und P_h auf h bestimmt werden, die den kürzesten Abstand haben, indem das Gleichungssystem

$$(1) \quad \vec{v}_1 \cdot \left(\vec{a}_1 + \mu \cdot \vec{v}_1 - \left(\vec{a}_2 + \lambda \cdot \vec{v}_2 \right) \right) = 0$$
$$(2) \quad \vec{v}_2 \cdot \left(\vec{a}_1 + \mu \cdot \vec{v}_1 - \left(\vec{a}_2 + \lambda \cdot \vec{v}_2 \right) \right) = 0$$

nach λ und μ gelöst wird und diese Werte in die Gleichung für g und h eingesetzt werden. Hier ergeben sich dann zwei Punkte, deren Abstand gleich dem Abstand der beiden Geraden ist.

Bei parallele Geraden g und h (hier ist $\vec{v}_1$ Vielfaches von $\vec{v}_2$) geht diese nicht, da es unendlich viele dieser Punkte P_g und P_h gibt und somit das Gleichungssystem nicht eindeutig lösbar ist. Man muss deshalb nur eine der

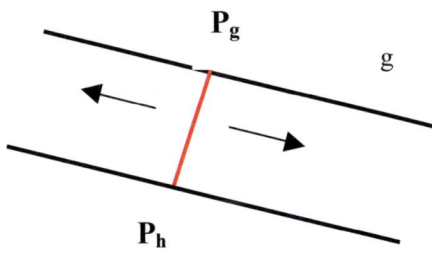

beiden Gleichungen (1) oder (2) nach z.B. μ auflösen (man erhält dann z.B. $\mu = 2\lambda - 7$) und diesen Ausdruck für μ in g einsetzten. Dann ist g und h von λ abhängig und man kann eines dieser bei parallelen Geraden unendlich vielen Punktepaare mit minimalem Abstand bestimmen, indem man für λ eine Wert (z.B. einfach 0) einsetzt. Danach kann man den Abstand der beiden Punkt bestimmen, der dann gleich dem Abstand von g zu h ist.

Bei parallelen Geraden kann man allerdings auch viel einfacher vorgehen. Hier kann man zunächst einen Punkt P auf g bestimmen (indem man z.B. $\mu = 0$ setzt) und dann den Abstand dieses Punktes zu h berechnen. Dabei löst man dann die Gleichung

$$\vec{v}_2 \cdot \left(\overrightarrow{OP} - \left(\vec{a}_2 + \lambda \cdot \vec{v}_2 \right) \right) = 0$$

nach λ. Setzt man die Lösung für λ in h ein, erhält man den Punkt Q (ist Fußpunkt des Lotes) mit dem kürzesten Abstand zu h. Der Abstand der beiden Punkte P und Q ist dann der Abstand der beiden parallelen Geraden (siehe auch Lösung LA24 c)).

Eine weitere Möglichkeit der Abstandsbestimmung bei windschiefen Geraden findet man unter http://mathe-total.de/Aufgabenblaetter/Abstand-zweier-windschiefer-Geraden.pdf.

Aufgabe LA10:
Bestimme den Abstand der beiden windschiefen Geraden

$$g: \vec{x} = \begin{pmatrix} 2 \\ 1 \\ 1 \end{pmatrix} + \mu \begin{pmatrix} 2 \\ -2 \\ -1 \end{pmatrix} \text{ und h: } \vec{x} = \begin{pmatrix} 0 \\ 1 \\ -3 \end{pmatrix} + \lambda \begin{pmatrix} 1 \\ -1 \\ -1 \end{pmatrix}.$$

Aufgabe LA11:
Bestimme den Schnittpunkt und den Schnittwinkel der beiden Geraden

$$g: \bar{x} = \begin{pmatrix} 4 \\ 2 \\ 2 \end{pmatrix} + \mu \begin{pmatrix} 1 \\ -2 \\ 1 \end{pmatrix} \text{ und } h: \bar{x} = \begin{pmatrix} -2 \\ 8 \\ 2 \end{pmatrix} + \lambda \begin{pmatrix} 2 \\ -1 \\ -1 \end{pmatrix}.$$

Aufgabe LA12:

Bestimme den Schnittpunkt und den Schnittwinkel der Geraden

$$g: \bar{x} = \begin{pmatrix} -2 \\ 8 \\ 2 \end{pmatrix} + \mu \begin{pmatrix} 2 \\ -1 \\ -1 \end{pmatrix} \text{ mit der Ebene } E: \bar{x} = \begin{pmatrix} 4 \\ 0 \\ 1 \end{pmatrix} + \lambda \begin{pmatrix} 1 \\ 2 \\ 1 \end{pmatrix} + \nu \begin{pmatrix} -4 \\ 2 \\ 1 \end{pmatrix}.$$

Aufgabe LA13:

Bestimme den Abstand der beiden Ebenen E_1: -4x+2y-4z = 16 und E_2: -4x+2y-4z = -2.

Aufgabe LA14:

Geben sind die Eckpunkte eines Dreiecks A(1;2;-4); B(2;-4;1); C(-2;-2;0).
a) Ist das Dreieck rechtwinklig?
b) Bestimme die Fläche des Dreiecks.

Aufgabe LA15:

Gegeben sind zwei Graden g: $\bar{x} = \begin{pmatrix} b \\ 1 \\ 0 \end{pmatrix} + \mu \begin{pmatrix} 1 \\ a \\ 1 \end{pmatrix}$ und h: $\bar{x} = \begin{pmatrix} 2 \\ 1 \\ 3 \end{pmatrix} + \lambda \begin{pmatrix} -2 \\ 4 \\ -2 \end{pmatrix}$ in

Parameterform.
Bestimme a so, dass
a) die beiden Geraden g und h parallel sind.
b) die beiden Geraden orthogonal zueinander sind und bestimme b derart, dass sie sich schneiden.

Aufgabe LA16:
Bestimme den Schnittpunkt der Graden h aus der Aufgabe 9 mit
a) der x-z Ebene.
b) der zur x-z Ebene parallelen Ebene, die durch den Punkt P(0;1;0) geht.

Aufgabe LA17:
Gegeben ist das lineare Gleichungssystem:

$$x + y = -2$$
$$2x - ay = 4$$

Für welches a hat dieses keine Lösung.

Aufgabe LA18:
Es soll das folgende lineare Gleichungssystem

$$2x - 2y + 2z = 2$$
$$-2x - 4y - 6z = 2$$
$$3x + 2y + 6z = -1$$

gelöst werden.

Aufgabe LA19:
Gesucht wird die Schnittgerade der beiden Ebenen:

E_1: $x + 2y - 3z = 8$ (1)
E_2: $-3x - 2y + z = 4$ (2)

Aufgabe LA20:
Gesucht ist der Abstand von einer Geraden g zu einer Ebene E. Es sei bekannt, dass die Gerade g zur Ebene E parallel ist.

$$g:\ \vec{x} = \begin{pmatrix} -1 \\ 3 \\ 3 \end{pmatrix} + t \begin{pmatrix} 4 \\ 0 \\ 0 \end{pmatrix}\ ;\ E:\ \vec{x} = \begin{pmatrix} 1 \\ 2 \\ 0 \end{pmatrix} + r \begin{pmatrix} 0 \\ 0 \\ 2 \end{pmatrix} + s \begin{pmatrix} -2 \\ 0 \\ 1 \end{pmatrix}$$

Aufgabe LA21:

Gegeben ist die Gleichung einer Ebene:

$$E:\ \vec{x} = \begin{pmatrix} 4 \\ -1 \\ 2 \end{pmatrix} + \lambda \begin{pmatrix} 1 \\ 2 \\ 2 \end{pmatrix} + \nu \begin{pmatrix} -1 \\ 1 \\ 1 \end{pmatrix}$$

Gesucht wird

a) eine Gerade, die senkrecht zu E ist.

b) der Abstand von P(1;2;-1) zu E.

c) eine Darstellung von E in Koordinatenform.

Aufgabe LA22:

Bestimme eine Gleichung der Schnittgeraden der beiden Ebenen:

$$E1:\ \vec{x} = \begin{pmatrix} -1 \\ 1 \\ 2 \end{pmatrix} + \lambda \begin{pmatrix} -1 \\ 2 \\ -1 \end{pmatrix} + \nu \begin{pmatrix} 0 \\ 1 \\ -2 \end{pmatrix},\ E2:\ \vec{x} = \begin{pmatrix} 0 \\ 1 \\ 1 \end{pmatrix} + \lambda \begin{pmatrix} -1 \\ 0 \\ 0 \end{pmatrix} + \nu \begin{pmatrix} 1 \\ 0 \\ 1 \end{pmatrix}$$

Aufgabe LA23:

Gegeben ist eine Ebene in Koordinatenform E: 2x - 3y + z = 5.

a) Gebe eine Gleichung einer zu E parallelen Ebene durch den Punkt P(1;1;1) in Koordinatenform an.

b) Liegt der Punkt Q(3;0;-1) in E ?

c) Bestimme eine Gleichung der Schnittgeraden von E und der Ebene E´: 3x + 2y = 10.

Aufgabe LA24:

a) Zeige, dass die Gerade g: $\vec{x} = \begin{pmatrix} 2 \\ 1 \\ 2 \end{pmatrix} + \lambda \begin{pmatrix} -1 \\ -4 \\ 1 \end{pmatrix}$ in der Ebene E:

$\vec{x} = \begin{pmatrix} 0 \\ 1 \\ 1 \end{pmatrix} + \lambda \begin{pmatrix} 2 \\ 0 \\ 1 \end{pmatrix} + v \begin{pmatrix} 3 \\ 4 \\ 0 \end{pmatrix}$ liegt.

b) Zeige, dass die Gerade aus a) und die Gerade h: $\vec{x} = \begin{pmatrix} 0 \\ -7 \\ 4 \end{pmatrix} + \lambda \begin{pmatrix} 3 \\ 12 \\ -3 \end{pmatrix}$

identisch sind.

d) Berechne den Abstand der Geraden g vom Ursprung.

Aufgabe LA25:
Bestimme den Punkt P(x;y;2) so, dass er von Q(2;-1;2) den Abstand 5 LE und von R(-1;6;2) den Abstand 3 LE hat.

Aufgabe LA26:
Liegen die Punkte A(4;-1;2), B(2;1;4), C(1;-4;-1), D(3;6;9) in einer Ebene?

4 Lösungen zu den Aufgaben zur analytischen Geometrie

Lösung LA1:

a) Es gilt $\overrightarrow{BC} = \overrightarrow{AD}$:

$$\overrightarrow{BC} = \overrightarrow{0C} - \overrightarrow{0B} = \begin{pmatrix} 8 \\ 3 \\ 1 \end{pmatrix} - \begin{pmatrix} 5 \\ 3 \\ 2 \end{pmatrix} = \begin{pmatrix} 3 \\ 0 \\ -1 \end{pmatrix}$$

$$\overrightarrow{0D} = \overrightarrow{0A} + \overrightarrow{BC} = \begin{pmatrix} 4 \\ 1 \\ -3 \end{pmatrix} + \begin{pmatrix} 3 \\ 0 \\ -1 \end{pmatrix} = \begin{pmatrix} 7 \\ 1 \\ -4 \end{pmatrix} \Rightarrow D(7;1;-4)$$

$$\left| \overrightarrow{AC} \right| = \sqrt{(8-4)^2 + (3-1)^2 + (1-(-3))^2} = 6$$

$$\left| \overrightarrow{BD} \right| = \sqrt{(7-5)^2 + (1-3)^2 + (-4-2)^2} = \sqrt{44}$$

b) $E : \vec{x} = \overrightarrow{0P} + \lambda \overrightarrow{PQ} + \mu \overrightarrow{PR}$

$$\vec{x} = \begin{pmatrix} 1 \\ 4 \\ 3 \end{pmatrix} + \lambda \left[\begin{pmatrix} 2 \\ 1 \\ 5 \end{pmatrix} - \begin{pmatrix} 1 \\ 4 \\ 3 \end{pmatrix} \right] + \mu \left[\begin{pmatrix} 1 \\ 4 \\ 4 \end{pmatrix} - \begin{pmatrix} 1 \\ 4 \\ 3 \end{pmatrix} \right] = \begin{pmatrix} 1 \\ 4 \\ 3 \end{pmatrix} + \lambda \begin{pmatrix} 1 \\ -3 \\ 2 \end{pmatrix} + \mu \begin{pmatrix} 0 \\ 0 \\ 1 \end{pmatrix}$$

$$\begin{pmatrix} 2 \\ 1 \\ 7 \end{pmatrix} = \begin{pmatrix} 1 \\ 4 \\ 3 \end{pmatrix} + \lambda \begin{pmatrix} 1 \\ -3 \\ 2 \end{pmatrix} + \mu \begin{pmatrix} 0 \\ 0 \\ 1 \end{pmatrix} \Leftrightarrow \begin{cases} 2 = 1 + \lambda \\ 1 = 4 - 3\lambda \\ 7 = 3 + 2\lambda + \mu \end{cases}$$

Lösung ist $\lambda = 1$ und $\mu = 2$. Also liegt S in E.

c) Gerade in Normalform ist durch E: $\vec{n} \cdot (\vec{x} - \vec{p}) = 0$ ($\Leftrightarrow \vec{n} \cdot \vec{x} = \vec{n} \cdot \vec{p}$) gegeben, dabei ist der Normalenvektor $\vec{n}$ zu beiden Richtungsvektoren orthogonal, also gilt:

$$\begin{pmatrix} n_1 \\ n_2 \\ n_3 \end{pmatrix} \cdot \begin{pmatrix} 1 \\ -3 \\ 2 \end{pmatrix} = 0 \Leftrightarrow n_1 - 3n_2 + 2n_3 = 0$$

$$\begin{pmatrix} n_1 \\ n_2 \\ n_3 \end{pmatrix} \cdot \begin{pmatrix} 0 \\ 0 \\ 1 \end{pmatrix} = 0 \Leftrightarrow n_3 = 0$$

Setz man $n_1 = 3$ ($\vec{n}$ ist nicht eindeutig festgelegt, denn $\vec{n}$ könnte eine beliebige von Null verschiedene Länge haben), so ergibt sich $n_2 = 1$, also erhält man $\vec{n} = \begin{pmatrix} 3 \\ 1 \\ 0 \end{pmatrix}$. (Alternativ hätte man auch das Kreuzprodukt der Richtungsvektoren bestimmen können). Wähle z.B. $\vec{p} = \overrightarrow{OP}$, dann ergibt sich:

$$\vec{n} \cdot \vec{x} = \vec{n} \cdot \vec{p} \Leftrightarrow \begin{pmatrix} 3 \\ 1 \\ 0 \end{pmatrix} \cdot \begin{pmatrix} x \\ y \\ z \end{pmatrix} = \begin{pmatrix} 3 \\ 1 \\ 0 \end{pmatrix} \cdot \begin{pmatrix} 1 \\ 4 \\ 3 \end{pmatrix} \Leftrightarrow 3x + y = 7$$

Dies ist, wie bereits erwähnt, eine mögliche Koordinatenform von E, da auch alle Vielfachen (außer 0-fache) dieser Gleichung die gleiche Ebene beschreiben.

d) Die Gleichung einer parallelen Ebene zu E (E: x + 3y = 7) wäre durch x + 3y = d gegeben. Setzt man hier H(1;1;3) ein ergibt sich d= 1 + 3 = 4, somit ist x + 3y = 4 eine Gleichung der parallelen Ebene zu E in Koordinatenform durch H.

Lösung LA2:

$$\overrightarrow{AG} = \begin{pmatrix} 6 \\ 3 \\ 5 \end{pmatrix}, \text{ Gerade durch A und G: } \bar{x} = \begin{pmatrix} -2 \\ 0 \\ 0 \end{pmatrix} + \lambda \begin{pmatrix} 6 \\ 3 \\ 5 \end{pmatrix}$$

$$\overrightarrow{BH} = \begin{pmatrix} -6 \\ 3 \\ 5 \end{pmatrix}, \text{ Gerade durch B und H: } \bar{x} = \begin{pmatrix} 4 \\ 0 \\ 0 \end{pmatrix} + \mu \begin{pmatrix} -6 \\ 3 \\ 5 \end{pmatrix}$$

Gleichsetzen würde $\lambda = \frac{1}{2}$ und $\mu = \frac{1}{2}$ ergeben, da sie sich jeweils auf sich die Diagonalen jeweils bei der Hälfte ihrer Länge schneiden. Somit ergibt sich der Schnittpunkt: S(1;3/2;5/2). Die Raumdiagonalen sind $\sqrt{70}$ LE lang. Das Volumen ergibt sich z.B., wenn man den Abstand von A zu B (6 LE) mit dem Abstand von B zu C (3 LE) und dem Abstand von A zu E (5 LE) multipliziert: V = 90 VE.

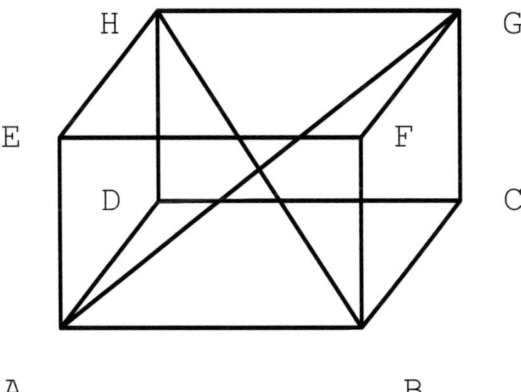

Lösung LA3:
Der Schnittpunkt S von einer Ebene und einer Geraden kann am einfachsten über die Koordinatenform der Ebene bestimmt werden (in Parameterform muss man ein Gleichungssystem mit den drei Unbekannten t, r und s lösen):

$$E: x - y + z = 4, \quad g: \vec{x} = \begin{pmatrix} -1 \\ 0 \\ 3 \end{pmatrix} + t \begin{pmatrix} 1 \\ 0 \\ 0 \end{pmatrix}$$

Man setzt nun g in E ein und löst nach t auf. Danach setzt man die Lösung für t in g ein und erhält den Schnittpunkt S: -1 + t + 3 = 4 ⇒ t = 2 ⇒ S(1;0;3). Hätte sich ein Widerspruch (z.B. 5 = 2) ergeben, so wäre g parallel zu E. Wäre die Gleichung für alle t erfüllt (z.B. 2 = 2), dann würde g in E liegen.

Lösung LA4:
Es ergeben sich die Eckpunkte:
Schnittpunkt g mit h: (-4;2;-1)
Schnittpunkt h mit i: (0;4;4)
Schnittpunkt i mit g: (1;2;1)

Der Umfang beträgt ca. 15,84 LE. Dieser ergibt sich über die Summe der Abstände der drei Eckpunkte. Die Fläche beträgt ca. 10,06 FE.

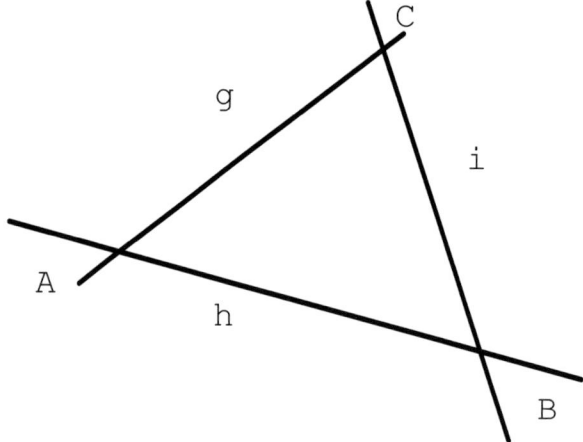

Die Fläche kann man bestimmen, indem man zunächst den Fußpunkt des Lotes von einem Eckpunkt zur gegenüberliegenden Seite berechnet und dann den Abstand dieses Fußpunktes zum (gegenüberliegenden) Eckpunkt bestimmt, was dann die Höhe auf dieser Seite ist. Bezeichnet man (-4;2;-1) mit A, (0;4;4) mit B und (1;2;1) mit C, so kann man den Fußpunkt F_C des Lotes von C auf der Geraden h, die durch die Eckpunkte A und B geht, bestimmen:

$$\left[\begin{pmatrix} 4 \\ 6 \\ 9 \end{pmatrix} + \mu \left(\begin{pmatrix} 4 \\ 2 \\ 5 \end{pmatrix} - \begin{pmatrix} 1 \\ 2 \\ 1 \end{pmatrix} \right) \right] \cdot \begin{pmatrix} 4 \\ 2 \\ 5 \end{pmatrix} = 0 \Leftrightarrow 60 + 45\mu = 0 \Leftrightarrow \mu = -4/3$$

In g die Gerade h einsetzen, die durch die Seite c geht, ergibt den Fußpunkt F_C(-4/3;10/3;7/3). Abstand zu C ergibt 3 LE. Die Länge der Seite c (ist Abstand von A zu B) beträgt $\sqrt{45}$ LE, somit ergibt sich die Fläche:

$$\frac{\sqrt{45} \text{ LE} \cdot 3 \text{ LE}}{2} \approx 10{,}06 \text{ VE}$$

Eine weitere Möglichkeit der Flächenbestimmung findet man unter http://mathe-total.de/LA-Skript/AG-Skript.pdf auf Seite 13.

Lösung LA5:
  a) Eine Gerade, die Parallel zu E ist: Man nimmt einen Punkt, der nicht in E liegt, z.B. (4;1;0), als Aufpunkt der Geraden und verwendet eine Richtungsvektor von E.
  b) Eine Gerade, die in E liegt: Man nimmt einen Punkt von E, z.B. (4;0;0), als Aufpunkt der Geraden und verwendet eine Richtungsvektor von E.
  c) Eine Gerade, die E genau in einem Punkt schneidet: Man nimmt einen Punkt von E, z.B. (4;0;0), als Aufpunkt der Geraden und verwendet eine Richtungsvektor, der sich nicht aus einer

Linearkombination der Richtungsvektoren der Ebene erzeugen lässt,

z.B. $\begin{pmatrix} 1 \\ -2 \\ 2 \end{pmatrix}$.

d) Eine Gerade, die E senkrecht schneidet: Man nimmt einen Punkt von E, z.B. (4;0;0), als Aufpunkt der Geraden und verwendet als Richtungsvektor der Geraden einen Normalenvektor von E, d.h. ein Vektor, der auf den beiden Richtungsvektoren von E senkrecht seht,

z.B. $\begin{pmatrix} 2 \\ -3 \\ 2 \end{pmatrix}$.

Lösung LA6:

I) a) Man setzt die Geradengleichung mit $\begin{pmatrix} 2 \\ -2 \\ -12 \end{pmatrix}$ gleich und erhält:

$$2 = -1 + \mu \qquad (1)$$
$$-2 = 1 - \mu \qquad (2)$$
$$-12 = \quad a\mu \qquad (3)$$

Es ergibt sich aus (1) oder (2) $\mu = 3$ und damit aus (3) a = -4. Für a ≠ -4 liegt P nicht auf g.

b) Setzt man die Geradengleichungen gleich, so ergibt sich a = 1 ($\lambda = 4$ und $\mu = 7$).

II) Bestimme den Schnittpunkt von g mit der x_1-x_3 Ebene: setze $x_2 = 0$ ergibt: $0 = 1 - \mu$, also $\mu = 1$, womit sich der Schnittpunkt ergibt: S(0;0;a)

Lösung LA7:
Eine Möglichkeit: s = 1 – t in E ergibt g:
$$\vec{a} + (1-t)(\vec{b} - \vec{a}) + t(\vec{c} - \vec{a}) = \vec{b} + t(\vec{c} - \vec{b})$$

Lösung LA8:

a)
$$\left[\begin{pmatrix} 2 \\ 1 \\ 1 \end{pmatrix} + \mu\begin{pmatrix} 2 \\ -2 \\ -1 \end{pmatrix} - \begin{pmatrix} -4 \\ 2 \\ -4 \end{pmatrix}\right] \cdot \begin{pmatrix} 2 \\ -2 \\ -1 \end{pmatrix} = 0 \Leftrightarrow 9 + 9\lambda = 0 \Leftrightarrow \lambda = -1$$

Fußpunkt ($\lambda = -1$ in g einsetzen): $F_P(0;3;2)$.

b) Abstand: $\left|\overline{PF_P}\right| = \left|\vec{d}\right| = \left\|\begin{pmatrix} 4 \\ 1 \\ 6 \end{pmatrix}\right\| = \sqrt{53}$

c) $\vec{d} + \vec{f}_P = \begin{pmatrix} 4 \\ 4 \\ 8 \end{pmatrix}$, $P'(4;4;8)$

Lösung LA9:

a) Sie sind parallel und nicht identisch, da der eine Richtungsvektor ein Vielfaches des anderen Richtungsvektors ist und da der Aufpunkt der einen Gerade nicht auf der anderen Gerade liegt.

b) Da beide Geraden parallel sind, kann man einen Punkt P auf g, z.B. den Aufpunkt P(-1;1;0), bestimmen, und dann den Abstand von P zu h berechnen:

$$\left[\begin{pmatrix} 2 \\ 1 \\ 3 \end{pmatrix} + \mu\begin{pmatrix} -2 \\ 4 \\ -2 \end{pmatrix} - \begin{pmatrix} -1 \\ 1 \\ 0 \end{pmatrix}\right] \cdot \begin{pmatrix} -2 \\ 4 \\ -2 \end{pmatrix} = 0 \Leftrightarrow -12 + 24\lambda = 0 \Leftrightarrow \lambda = 1/2$$

Fußpunkt ($\lambda = 1/2$ in h einsetzen): $F_P(1;3;2)$.

Abstand g zu h: $\left|\overline{PF_P}\right| = \left|\vec{d}\right| = \left\|\begin{pmatrix} 2 \\ 2 \\ 2 \end{pmatrix}\right\| = \sqrt{12}$

Lösung LA10:

$$\left[\begin{pmatrix} 2 \\ 1 \\ 1 \end{pmatrix} + \mu \begin{pmatrix} 2 \\ -2 \\ -1 \end{pmatrix} - \left(\begin{pmatrix} 0 \\ 1 \\ -3 \end{pmatrix} + \lambda \begin{pmatrix} 1 \\ -1 \\ -1 \end{pmatrix} \right) \right] \cdot \begin{pmatrix} 2 \\ -2 \\ -1 \end{pmatrix} = 0 \Leftrightarrow -5\lambda + 9\mu = 0$$

$$\left[\begin{pmatrix} 2 \\ 1 \\ 1 \end{pmatrix} + \mu \begin{pmatrix} 2 \\ -2 \\ -1 \end{pmatrix} - \left(\begin{pmatrix} 0 \\ 1 \\ -3 \end{pmatrix} + \lambda \begin{pmatrix} 1 \\ -1 \\ -1 \end{pmatrix} \right) \right] \cdot \begin{pmatrix} 1 \\ -1 \\ -1 \end{pmatrix} = 0 \Leftrightarrow -2 - 3\lambda + 5\mu = 0$$

Lösung ist: λ= -9, μ=-5. Diese in g und h eingesetzt, ergibt den Fußpunkt $F_1(-8;11;6)$ auf g und $F_2(-9;10;6)$ auf h. Abstand g zu h ist gleich Abstand

der beiden Fußpunkte: $\left\| \begin{pmatrix} 1 \\ 1 \\ 0 \end{pmatrix} \right\| = \sqrt{2}$

Lösung LA11:
Gleichsetzen der beiden Geraden ergibt λ= 2, μ=-2, somit ergibt sich der Schnittpunkt S(2;6;0). Der Schnittwinkel ist gleich dem zwischen den beiden Richtungsvektoren und der ist gleich: $\cos \varphi = \frac{1}{2}$ und somit ist $\varphi = 60°$.

Lösung LA12:
Gleichsetzen ergibt, $\lambda = 2$, $\mu = -6$, $v = 5$ womit sich der Schnittpunkt S(-14;14;8) ergibt. Für den Schnittwinkel bestimmt man den Winkel zwischen dem Richtungsvektor der Geraden und einem Normalenvektor (der auf den beiden Richtungsvektoren der Ebene senkrecht steht).

Es ergibt sich $\bar{n} = \begin{pmatrix} 0 \\ -1 \\ 2 \end{pmatrix}$ (oder ein Vielfaches) und ca. 100,52°. Von diesem

Winkel muss man noch 90° subtrahieren, da der Normalenvektor um 90° zur Ebene gedreht ist, womit man ca. 10.52° als Schnittwinkel erhält.

Lösung LA13:

Es gilt $|\vec{n}| = 6$. Somit ergibt sich die Hesse-Normalform (als Koordinatengleichung) von E_1: $(-4x+2y-4z)/6 = 16/6$. Bestimme ein Punkt von E_2: $-4x+2y-4z = -2$, indem z.B. $x = 0$ und $z = 0$ gesetzt wird, womit sich $2y = -2$ und somit $y = -1$ ergibt. Also ist $P(0;-1;0)$ ein Punkt auf E_2. Aus der Hesse-Normalform von E_1 erhält man die Gleichung:
$(-4x+2y-4z)/6 - 16/6 = 0$.
Also ergibt sich durch $d(x,y,z) = |(-4x+2y-4z)/6 - 16/6|$ der Abstand eines Punktes $Q(x;y;z)$ von E_1.
Es gilt: $d(0,-1,0) = |(-4\cdot0+2\cdot(-1)-4\cdot0)/6 - 16/6| = |-2/6-16/6| = 18/6 = 3$.
Somit beträgt der Abstand von P und E_1 bzw. E_2 und E_1 3 LE.

Lösung LA14:

a) Antwort: Ja.

Hier hätte man die Winkel berechnen können, oder man prüft, ob Pythagoras gilt:
$$\left|\overrightarrow{AB}\right|^2 = 62, \left|\overrightarrow{BC}\right|^2 = 21, \left|\overrightarrow{AC}\right|^2 = 41 .$$
Längste Seite ist $\overrightarrow{AB}$.
Es gilt $\left|\overrightarrow{AB}\right|^2 = \left|\overrightarrow{BC}\right|^2 + \left|\overrightarrow{AC}\right|^2$. Somit ist $\gamma = \angle AB = 90°$.

b) 14,67 FE. Die Fläche kann man wie in der Lösung zu LA4 berechnen, oder einfacher, da hier ja ein rechtwinkliges Dreieck vorliegt:
$A = \left|\overrightarrow{BC}\right| \cdot \left|\overrightarrow{AC}\right| / 2$ (FE).

Lösung LA15:

a) Die Richtungsvektoren müssen lineare abhängig (d.h. hier Vielfache bzw. λ-fache sein): $\begin{pmatrix} 1 \\ a \\ 1 \end{pmatrix} = \lambda \begin{pmatrix} -2 \\ 4 \\ -2 \end{pmatrix}$ ergibt a = -2 (und $\lambda = -1/2$).

b) Orthogonal sind die Geraden, wenn die Richtungsvektoren orthogonal sind. Somit ist das Skalarprodukt beider Richtungsvektoren gleich Null:

$$\begin{pmatrix} 1 \\ a \\ 1 \end{pmatrix} \cdot \begin{pmatrix} -2 \\ 4 \\ -2 \end{pmatrix} = 0 \Leftrightarrow -4 + 4a = 0 \Leftrightarrow a = 1 \quad \text{und}$$

$$\begin{pmatrix} b \\ 1 \\ 0 \end{pmatrix} + \mu \begin{pmatrix} 1 \\ 1 \\ 1 \end{pmatrix} = \begin{pmatrix} 2 \\ 1 \\ 3 \end{pmatrix} + \lambda \begin{pmatrix} -2 \\ 4 \\ -2 \end{pmatrix} \quad \text{ergibt: } b = -1 \text{ (und } \lambda = \frac{1}{2}, \mu = 2)$$

Lösung LA16:

a) In der x-z Ebene gilt y = 0, also: $0 = 1 + 4\lambda$ ergibt $\lambda = -1/4$.
Also: S(5/2; 0; 7/2).

b) Entweder man setzt die Ebene in Parameterform

$$E: \bar{x} = \begin{pmatrix} 0 \\ 1 \\ 0 \end{pmatrix} + \mu \begin{pmatrix} 1 \\ 0 \\ 0 \end{pmatrix} + \nu \begin{pmatrix} 0 \\ 0 \\ 1 \end{pmatrix}$$

mit der Geradengleichung gleich oder man bestimmt einfach die Ebene in Koordinatenform E: y = 1 und setzt die Komponenten der Geradengleichung ein: $1 + 4\lambda = 1$ ergibt $\lambda = 0$ und S(2;1;3).

Lösung LA17:

(I) x + y = -2
(II) 2x – ay = 4

(II)-2·(I) liefert :

x + y = -2
(-a-2)·y = 8

Für -a-2 = 0 hat das Gleichungssystem keine Lösung, also für a = -2.

Aufgabe LA18:

Anwendung des Gauss-Verfahrens liefert zunächst:

$$
\begin{aligned}
x - y + z &= 1 \\
y + 2/3z &= -2/3 \\
z &= 2
\end{aligned}
$$

Hier ergibt sich dann die Lösung x = -3, y = -2, z = 2

Lösung LA19:

Eine Schnittgerade kann man hier einfach bestimmen, da die Ebenen in Koordinatenform vorliegen:

E_1: $x + 2y - 3z = 8$ (1)
E_2: $-3x - 2y + z = 4$ (2)

Man sieht außerdem sofort, dass beide Ebenen nicht parallel sind (sonst wären die die linken Seiten der Gleichungen Vielfache voneinander bzw. die Normalenvektoren Vielfache), was man bei Ebenengleichungen in Parameterform nicht sofort sieht.

Setze z.B. z = t und löse (1) und (2) nach x und y auf:

$$
\begin{aligned}
x + 2y - 3t &= 8 \quad (1') \\
-3x - 2y + t &= 4 \quad (2')
\end{aligned}
$$

(1')+(2'): $-2x - 2t = 12 \Rightarrow x = -6 - t$

In (1') eingesetzt: $-6 - t + 2y - 3t = 8 \Rightarrow y = 7 + 2t$

Somit hat man die Schnittgerade: $\vec{x} = \begin{pmatrix} -6 \\ 7 \\ 0 \end{pmatrix} + t \begin{pmatrix} -1 \\ 2 \\ 1 \end{pmatrix}$

Bemerkung zum Setzen von z: Beim Setzen einer Variable auf einen Parameter muss man aufpassen, dass sich nicht durch die Gleichung ergibt, dass diese Variable Null ist, wie beispielsweise bei:

$x + 2y + z = 5$
$-x - 2y + z = -5$

Hier müsste eine der anderen beiden Variablen auf t gesetzt werden. Wenn man sich nicht sicher ist, sollte man erst eine Variable eliminieren und danach eine auf einen Parameter wie z.B. t setzen.

Lösung LA20:
Abstand von einer Geraden zu einer Ebene:

$$g: \bar{x} = \begin{pmatrix} -1 \\ 3 \\ 3 \end{pmatrix} + t\begin{pmatrix} 4 \\ 0 \\ 0 \end{pmatrix} ; E: \bar{x} = \begin{pmatrix} 1 \\ 2 \\ 0 \end{pmatrix} + r\begin{pmatrix} 0 \\ 0 \\ 2 \end{pmatrix} + s\begin{pmatrix} -2 \\ 0 \\ 1 \end{pmatrix}$$

(Allgemein: g: $\bar{x} = \vec{a} + t\bar{u}$; E: $\bar{x} = \vec{b} + r\bar{v} + s\bar{w}$)

Bestimme einen Punkt Q auf g, z.B. für t = 0 ergibt sich Q(-1;3;3), und bestimmt den Abstand zu E. Ist außerdem gefragt, ob g zu E parallel ist (nur dann kann der Abstand auch größer 0 sein), so zeigt man dies am besten, indem man nachweist, dass es ein r und ein s gibt mit $\bar{u} = r\bar{v} + s\bar{w}$ und dass $\vec{a}$ nicht in E liegt. Mit $\bar{u} = r\bar{v} + s\bar{w}$ ist nämlich g parallel zu E. Dies ist i.A. nicht so aufwendig wie das Gleichsetzten der beiden Gleichungen.

Um den Abstand zu bestimmen, kann man die folgende Gleichung

$$(\bar{b} + r\bar{v} + s\bar{w} - \overrightarrow{OQ}) \cdot \bar{v} = 0$$
$$(\bar{b} + r\bar{v} + s\bar{w} - \overrightarrow{OQ}) \cdot \bar{w} = 0$$

nach r und s auflösen und diese Werte in E einsetzen, womit man den Fußpunkt F_Q von Q auf E bestimmen kann. Der Abstand von F_Q und Q ist dann der gesuchte Abstand.

Alternativ kann man auch den Abstand über die Hesse Normalform von E bestimmen. Dazu benötigt man zunächst eine Gleichung von E in Normal oder Koordinatenform.

Diese erhält man, indem man den Normalenvektor $\vec{n}$ bestimmt, der orthogonal zu den beiden Richtungsvektoren der Ebene E ist, d.h. man muss die Gleichung

$$\vec{n} \cdot \vec{v} = 0 \Leftrightarrow \quad 2n_3 \quad = 0 \text{ (I)}$$
$$\vec{n} \cdot \vec{w} = 0 \Leftrightarrow -2n_1 + n_3 = 0 \text{ (II)}$$

lösen und eine Komponente von $\vec{n}$ festlegen, da dieses Gleichungssystem mehr unbekannte als Gleichungen enthält.

Zuerst subtrahieren wir aber das 2-fache der Gleichung II von I, womit sich $4n_1 = 0$ ergibt. Also ist $n_1 = 0$. Setzt man $n_1 = 0$ in II ein, folgt auch $n_3 = 0$.

Nun kann man z.B. $n_2 = 1$ (nie gleich 0!) wählen, womit sich $\vec{n} = \begin{pmatrix} 0 \\ 1 \\ 0 \end{pmatrix}$ ergibt. Falls das Kreuzprodukt behandelt wurde, kann man auch den Normalenvektor (bzw. einen Normalenvektor) über $\vec{n} = \vec{v} \times \vec{w}$ bestimmen.

Wählt man nun $\vec{p} = \begin{pmatrix} 1 \\ 2 \\ 0 \end{pmatrix}$ (P(1;2;0) ist ein Punkt der Ebene), so ergibt sich die Gleichung von E in Koordinatenform E: $y = 2$ (über $\vec{n} \cdot (\vec{x} - \vec{p}) = 0$ oder $\vec{n} \cdot \vec{x} = \vec{n} \cdot \vec{p}$). Diese sieht zunächst merkwürdig aus, da kein x und kein z vorkommt.

Das ist bei dieser Ebene so, da sie zur x-z Ebene parallel ist und immer die y-Koordinate 2 hat, während x und z beliebige Werte annehmen können.

Will man hier auch prüfen, ob g parallel zu E ist, so muss man nur zeigen, dass $\bar{n}$ senkrecht zu $\bar{u}$ ist. Nun kann über die Hesse-Normalform der Abstand von Q zu E bestimmt werden. E ist bereits in der Hesse-Normalform, da $|\bar{n}| = 1$ gilt.

Somit gilt $d(x,y,z) = |y-2|$ und $d(-1,3,3) = 3 - 2 = 1$. Also ist der Abstand gleich 1 LE.

Lösung LA21:

Gegeben ist die Gleichung einer Ebene: E: $\bar{x} = \begin{pmatrix} 4 \\ -1 \\ 2 \end{pmatrix} + \lambda \begin{pmatrix} 1 \\ 2 \\ 2 \end{pmatrix} + \nu \begin{pmatrix} -1 \\ 1 \\ 1 \end{pmatrix}$

a) eine Gerade, die senkrecht zu E ist: Man bestimmt einen Normalenvektor $\bar{n}$ der senkrecht auf E steht, bzw. orthogonal zu den beiden Richtungsvektoren der Ebenengleichung ist:

$$\begin{pmatrix} n_1 \\ n_2 \\ n_3 \end{pmatrix} \cdot \begin{pmatrix} 1 \\ 2 \\ 2 \end{pmatrix} = 0 \Leftrightarrow n_1 + 2n_2 + 2n_3 = 0$$

$$\begin{pmatrix} n_1 \\ n_2 \\ n_3 \end{pmatrix} \cdot \begin{pmatrix} -1 \\ 1 \\ 1 \end{pmatrix} = 0 \Leftrightarrow -n_1 + n_2 + n_3 = 0$$

Nun kann man z.B. $n_3 = 3$ festlegen, womit man $n_1 = 0$ und $n_2 = -3$ erhält. Hätte man n_1 festgelegt, hätte man vorsichtig sein müssen, da die Gleichung nur für $n_1 = 0$ lösbar ist. Aus diesem Grund sollte man, wenn man dies nicht gleich sieht, erst die Gleichung allgemein lösen und danach die noch verbleibende Variable setzen.
Sollten sich bei der Lösung Brüche ergeben, kann man auch ein Vielfaches (außer natürlich das Nullfache) des Richtungsvektors verwenden

Nun wählt man einen beliebigen Punkt als Aufpunkt der Geraden und den Richtungsvektor $\vec{n}$:

$$\vec{x} = \begin{pmatrix} 4 \\ -1 \\ 2 \end{pmatrix} + \mu \begin{pmatrix} 0 \\ -3 \\ 3 \end{pmatrix}$$

b) Abstand von P(1;2;-1) zu E:

$$\left[\begin{pmatrix} 4 \\ -1 \\ 2 \end{pmatrix} + \lambda \begin{pmatrix} 1 \\ 2 \\ 2 \end{pmatrix} + \nu \begin{pmatrix} -1 \\ 1 \\ 1 \end{pmatrix} - \begin{pmatrix} 1 \\ 2 \\ -1 \end{pmatrix} \right] \cdot \begin{pmatrix} 1 \\ 2 \\ 2 \end{pmatrix} = 0 \Leftrightarrow 3 + 3\nu + 9\lambda = 0$$

$$\left[\begin{pmatrix} 4 \\ -1 \\ 2 \end{pmatrix} + \lambda \begin{pmatrix} 1 \\ 2 \\ 2 \end{pmatrix} + \nu \begin{pmatrix} -1 \\ 1 \\ 1 \end{pmatrix} - \begin{pmatrix} 1 \\ 2 \\ -1 \end{pmatrix} \right] \cdot \begin{pmatrix} -1 \\ 1 \\ 1 \end{pmatrix} = 0 \Leftrightarrow -3 + 3\nu + 3\lambda = 0$$

Es ergibt sich $\lambda = -1, \nu = 2$, was man in E einsetzen kann, womit man den Fußpunkt F_P des Lotes von P in E erhält: $F_P(1;-1;2)$. Der Abstand von P zu E ergibt sich aus dem Abstand von P zu F_P:

$$\left| \overrightarrow{PF_P} \right| = \left| \left| \begin{pmatrix} 0 \\ -3 \\ 3 \end{pmatrix} \right| \right| = \sqrt{18}$$

c) Koordinatenform von E: Mit Normalenvektor aus a) und einem Punkt P von E, z.B. P(4;-1;2), kann man die Koordinatenform von E bestimmen:

$$\vec{x} \cdot \vec{n} = \overrightarrow{OP} \cdot \vec{n} \Longleftrightarrow -3y + 3z = 9$$

Lösung LA22:
Gleichsetzen der Ebenengleichungen ergibt:

$$-1 - \lambda_1 \quad = \quad -\lambda_2 + \nu_2$$
$$1 + 2\lambda_1 + \nu_1 = 1$$
$$2 - \lambda_1 - 2\nu_1 = 1 \quad + \nu_2$$

Nun muss man eine Gleichung erhalten, in der nur λ_1 und ν_1 oder nur λ_2 und ν_2 vorkommt.

Diese bekommt man ohne große Umformungen, denn die zweite Gleichung ergibt $-2\lambda_1 = \nu_1$ und dies kann in die Gleichung E_1 eingesetzt werden, womit man eine mögliche Darstellung der Schnittgeraden erhält:

$$\vec{x} = \begin{pmatrix} -1 \\ 1 \\ 2 \end{pmatrix} + \lambda \begin{pmatrix} -1 \\ 0 \\ 3 \end{pmatrix}$$

Einfacher (i.A.) geht dies oft, wenn man beide Geradengleichungen in Koordinatenform hat. Hier sieht man auch schneller, wie die Lage der Ebenen zueinander ist.

$E_1 : 3x + 2y + z = 1$
$E_2: \qquad\quad y = 1$

Wähle $z = \lambda$ und setzte dies in die Ebenengleichungen und löse diese nach x und y auf, so ergibt sich eine Darstellungsmöglichkeit der Schnittgeraden:

$$\vec{x} = \begin{pmatrix} x \\ y \\ z \end{pmatrix} = \begin{pmatrix} -1/3 \\ 1 \\ 0 \end{pmatrix} + \lambda \begin{pmatrix} -1/3 \\ 0 \\ 1 \end{pmatrix}$$

Lösung LA23:

a) Zu E parallele Ebene durch den Punkt P(1;1;1): P in die linke Seite der Gleichung E einsetzen, ergibt 2 - 3+1 = 0, also ist $2x - 3y + z = 0$ eine Koordinatenform der parallelen Ebene zu E, die durch P geht.

b) Q in E eingesetzt ergibt $6 - 1 = 5$, somit liegt Q in E.

c) Schnittgerade von E und E′: $3x + 2y = 10$:

E_1 : $2x - 3y + z = 5$

E_2: $3x + 2y \qquad = 1$

Wähle $z = \lambda$ und setzte dies in die Ebenengleichungen und löse diese nach x und y auf, so ergibt sich eine Darstellungsmöglichkeit der Schnittgeraden:

$$g: \quad \vec{x} = \begin{pmatrix} x \\ y \\ z \end{pmatrix} = \begin{pmatrix} 1 \\ -1 \\ 0 \end{pmatrix} + \lambda \begin{pmatrix} -2/13 \\ 3/13 \\ 1 \end{pmatrix}$$

Man kann das Ganze auch nochmals prüfen, indem man g (d.h. x = 1 - 2/13λ, …) in E_1 und E_2 einsetzt und prüft, ob die Gleichungen erfüllt sind.

Lösung LA24:

a) Dass die Gerade g: $\vec{x} = \begin{pmatrix} 2 \\ 1 \\ 2 \end{pmatrix} + \mu \begin{pmatrix} -1 \\ -4 \\ 1 \end{pmatrix}$ in der Ebene

E: $\vec{x} = \begin{pmatrix} 0 \\ 1 \\ 1 \end{pmatrix} + \lambda \begin{pmatrix} 2 \\ 0 \\ 1 \end{pmatrix} + \nu \begin{pmatrix} 3 \\ 4 \\ 0 \end{pmatrix}$ liegt, kann man zum einen durch Gleichsetzen

beider Gleichungen zeigen. Hier muss das hieraus resultierende Gleichungssystem unendlich viele Lösungen besitzen.

Oder man zeigt, dass sich der Richtungsvektor von g aus Richtungsvektoren der Ebene durch eine Linearkombination berechnen lässt:

$$\begin{pmatrix} -1 \\ -4 \\ 1 \end{pmatrix} = \lambda \begin{pmatrix} 2 \\ 0 \\ 1 \end{pmatrix} + \nu \begin{pmatrix} 3 \\ 4 \\ 0 \end{pmatrix}$$ gilt für $\lambda = 1$ und $\nu = -1$, womit die Gerade zur Ebene parallel ist, oder sie muss in E liegen.

Um nun zu zeigen, dass diese auch in E liegt, kann man einfach zeigen, dass ein Punkt der Geraden, z.B. (2;1;2) in E liegt: $\begin{pmatrix} 2 \\ 1 \\ 2 \end{pmatrix} = \begin{pmatrix} 0 \\ 1 \\ 1 \end{pmatrix} + \lambda \begin{pmatrix} 2 \\ 0 \\ 1 \end{pmatrix} + \nu \begin{pmatrix} 3 \\ 4 \\ 0 \end{pmatrix}$ gilt

für $\lambda = 1$ und $\nu = 0$. Hätte die Gleichung keine Lösung, so würde Parallelität vorliegen. Also haben wir bewiesen, das g in E liegt.

Einfacher geht dies, wenn die Eben in Koordinatenform vorliegt.

Es gilt:
E: $-4x + 3y + 8z = 11$. Setzt man nun die $x = 2 - \lambda$, $y = 1 - 4\lambda$ und $z = 2 + \lambda$, was sich aus der Geradengleichung ergibt, in die Gleichung für E in Koordinatenform ein, so erhält man:
$-4(2 - \lambda) + 3(1 - 4\lambda) + 8(2 + \lambda) = -8 + 4\lambda + 3 - 12\lambda + 16 + 8\lambda = 11$, womit die Gleichung für alle λ erfüllt ist und somit g in E liegt.

b) Dass die Gerade aus a) und die Gerade h: $\bar{x} = \begin{pmatrix} 0 \\ -7 \\ 4 \end{pmatrix} + \lambda \begin{pmatrix} 3 \\ 12 \\ -3 \end{pmatrix}$ identisch

sind, kann man zum einen durch Gleichsetzten zeigen (hier müssen unendlich viele Lösungen vorliegen), oder einfacher, indem man zeigt, dass das –3 fache des Richtungsvektors der Gerade g aus a) gleich dem Richtungsvektor der Gerden h ist und dann, dass ein Punkt von g, z.B. (2;1;2) auf h liegt. Dies gilt für $\lambda = 2/3$. Somit sind beide Geraden identisch.

c)   Abstand der Geraden g vom Ursprung:

$$\left[\begin{pmatrix} 2 \\ 1 \\ 2 \end{pmatrix} + \lambda \begin{pmatrix} -1 \\ -4 \\ 1 \end{pmatrix} - \begin{pmatrix} 0 \\ 0 \\ 0 \end{pmatrix}\right] \cdot \begin{pmatrix} -1 \\ -4 \\ 1 \end{pmatrix} = 0 \Leftrightarrow -4 + 18\lambda = 0$$

Also für $\lambda = 2/9$ ergibt sich der Fußpunkt F_P des Ursprungs auf g:
F_P(16/9; 1/9; 20/9).

Der Abstand des Ursprungs zum Fußpunkt ist nun:
$\sqrt{(19/9)^2 + (1/9)^2 + (20/9)^2} = \sqrt{73}/3$

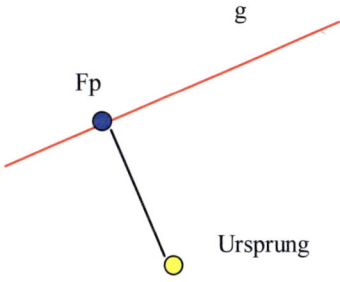

Lösung LA25:
Bestimme P(x;y;2) so, dass er von Q(2;-1;2) den Abstand 5 und von R(-1;6;2) den Abstand 3 hat: Der quadratische Abstand von P zu Q: $(x-2)^2 + (y+1)^2 + (2-2)^2 = 25$ und von P zu R: $(x+1)^2 + (y-6)^2 + (2-2)^2 = 9$. Löst man das Gleichungssystem (man wendet die „Binomische Formeln" an und bildet die Differenz der beiden Gleichungssysteme, womit alle quadratischen Terme verschwinde, dann löst man die Differenz nach x oder y auf und setzt dies wieder ein), so ergeben sich zwei Lösungen: x = -1 und y = 3 oder x = 34/29 und y = 114/29.

Lösung LA26:

Man bestimmt eine Ebenengleichung über z.B. die Punkt A, B und C und prüft, ob der Punkt D in dieser Ebene liegt. Ergebnis: D liegt in dieser Ebene und somit liegen alle Punkte in einer Ebenen.

Tipps zur Vektorrechnung

1) Eine Schnittgerade kann man am schnellsten bei Ebenen in Koordinatenform bestimmen:

E_1: $x + 2y - 3z = 8$ (1)
E_2: $-3x - 2y + z = 4$ (2)

Man sieht außerdem sofort, dass beide Ebenen nicht parallel sind, was man bei Ebenengleichungen in Parameterform nicht sofort sieht.

Setze z.B. $z = t$ und löse z.B. (1) nach x und (2) nach y auf:

$x + 2y - 3t = 8$ (1′)
$-3x - 2y + t = 4$ (2′)

(1′)+(2′): $-2x - 2t = 12 \Rightarrow x = -6 - t$
In (1′) eingesetzt: $-6 - t + 2y - 3t = 8 \Rightarrow y = 7 + 2t$

Somit hat man die Schnittgerade: $\vec{x} = \begin{pmatrix} -6 \\ 7 \\ 0 \end{pmatrix} + t \begin{pmatrix} -1 \\ 2 \\ 1 \end{pmatrix}$

2) Abstand von einer Geraden zu einer Ebene:

$g: \vec{x} = \begin{pmatrix} -1 \\ 3 \\ 3 \end{pmatrix} + t \begin{pmatrix} 4 \\ 0 \\ 0 \end{pmatrix}$; $E: \vec{x} = \begin{pmatrix} 1 \\ 2 \\ 0 \end{pmatrix} + r \begin{pmatrix} 0 \\ 0 \\ 2 \end{pmatrix} + s \begin{pmatrix} -2 \\ 0 \\ 1 \end{pmatrix}$

(Allgemein: $g: \vec{x} = \vec{a} + t\vec{u}$; $E: \vec{x} = \vec{b} + r\vec{v} + s\vec{w}$)

Bestimme einen Punkt Q auf g, z.B. für t = 0 ergibt sich Q(-1;3;3), und bestimmt den Abstand zu E. Ist außerdem gefragt, ob g zu E parallel ist (nur dann ist der Abstand größer 0), so zeigt man dies am besten, indem man nachweist, dass es ein r und ein s gibt mit $\vec{u} = r\vec{v} + s\vec{w}$ und dass $\vec{a}$ nicht in E liegt. Dies ist nicht so aufwendig wie das Gleichsetzten der beiden Gleichungen.

Um den Abstand zu bestimmen, kann man wieder die folgende Gleichung

$$(\vec{b} + r\vec{v} + s\vec{w} - \vec{q}) \cdot \vec{v} = 0$$

$$(\vec{b} + r\vec{v} + s\vec{w} - \vec{q}) \cdot \vec{w} = 0$$

nach r und s auflösen und diese Werte in E einsetzen, womit man den Fußpunkt F_Q von Q auf E bestimmen kann. Der Abstand von F_Q und Q ist dann der gesuchte Abstand.

Einfacher geht dies mit der Koordinatenform $\vec{x} \cdot \vec{n} = \vec{p} \cdot \vec{n}$ (ergibt sich aus der Normalform $(\vec{x} - \vec{p}) \cdot \vec{n} = 0$) der Ebene (siehe Aufgabe LA20).

3) Der Schnittpunkt von einer Ebene und einer Geraden kann am einfachsten über die Koordinatenform der Ebene bestimmt werden (in Parameterform muss man ein Gleichungssystem mit den drei Unbekannten t, r und s lösen):

$$E: x - y + z = 4, \, g: \vec{x} = \begin{pmatrix} -1 \\ 0 \\ 3 \end{pmatrix} + t \begin{pmatrix} 1 \\ 0 \\ 0 \end{pmatrix}$$

Man setzt nun g in E ein und löst nach t auf. Danach setzt man die Lösung für t in g ein und erhält den Schnittpunkt S: -1 + t + 3 = 4 ⇒ t = 2 ⇒ S(1;0;3). Hätte sich ein Widerspruch (z.B. 5 = 2) ergeben, so wäre g parallel zu E. Wäre die Gleichung für alle t erfüllt (z.B. 2 = 2), dann würde g in E liegen.

5 Aufgaben zur Stochastik

Aufgabe S1:
Es werden zwei Würfel gleichzeitig geworfen. Wie groß ist die Wahrscheinlichkeit, dass
a) das Produkt der beiden Augenzahlen gleich 8 ist?
b) das man mindestens eine doppelte 6 hat, wenn man die zwei Würfel viermal wirft?

Aufgabe S2:
Es werden vier Würfel nacheinander geworfen. Wie groß ist die Wahrscheinlichkeit, dass
a) nur Einsen geworfen werden?
b) mindestens eine 6 geworfen wird?
c) die ersten dreimal eine 6 und dann eine andere Zahl geworfen wird?

Aufgabe S3:
Gegeben ist eine Stichprobe mit Körpergrößen in cm: 178, 180, 182, 180, 177, 183, 178, 180, 182. Berechne den Mittelwert und die Varianz dieser Stichprobe und stelle die Häufigkeiten der Werte in einem Diagramm dar.

Aufgabe S4:
Bei einem Pferderennen sind 10 Pferde am Start.
a) Wie viele Möglichkeiten gibt es für die ersten drei Plätze (Reihenfolge relevant)?
b) Wie viele Möglichkeiten gibt es für die ersten drei Pferde, wenn die Reihenfolge keine Rolle spielt?
c) 7 Pferde werden von der Firma A „gesponsort" und die restlichen von der Firma B. Wie groß ist die Wahrscheinlichkeit, dass die ersten drei Pferde alle von der Firma A „gesponsort" werden (Tipp: Ziehen ohne Zurücklegen).
d) Wie viele Möglichkeiten gibt es für den Zieldurchlauf aller Pferde und wie groß wäre die Wahrscheinlichkeit diesen genau vorherzusagen, wenn man nichts über die Pferde wüsste?

e) Bei einer Wette kann man auf die ersten drei Pferde tippen, ohne die Reihenfolge angeben zu müssen. Man bezahlt 10€ und bekommt 5€, falls man genau ein Pferd richtig erraten hat, 10€ für 2 und 50€ für alle 3. Wie groß ist der Erwartungswert und die Varianz des Gewinns wenn man den Einsatz mit berücksichtigt (d.h. bei 0 richtigen Pferden –10€ Gewinn, bei 1 richtigem Pferd 5€-10€ Gewinn, ...)?

Aufgabe S5:
Ein Automat zeigt 5-stellige Ziffern an (von 00000 bis 99999). Wie groß ist die Wahrscheinlichkeit, dass
a) alle Ziffern gleich sind?
b) die ersten drei Ziffern gleich sind?
c) drei Ziffern gleich sind?

Aufgabe S6:
4 Klassen wählen einen Ausschuss. Aus der Klasse 10a stellen sich 8 Schüler zur Verfügung, aus der 10b 7 Schüler, aus der 10c 9 Schüler und aus der 10d 12 Schüler. Aus jeder Klasse kommen genau 5 Schüler in den Ausschuss. Wie viele Möglichkeiten gibt es für die Zusammenstellung des Ausschusses?

Aufgabe S7:
Wie groß ist die Wahrscheinlichkeit, dass man beim Poker (es werden 5 Karten von 32 ausgeteilt)
a) genau 4 Asse erhält?
b) genau 3 Asse erhält?

Aufgabe S8:
Ein Autohersteller meldet, dass bei 6% aller Autos eines Modells die Blinker defekt sind. Bei einem Händler stehen 10 solcher Autos auf einem Platz. Wie groß ist die Wahrscheinlichkeit, dass
a) alle diese Autos diesen Defekt haben?
b) genau ein Auto diesen Defekt hat?
c) mindestens ein Auto diesen Defekt hat?

Aufgabe S9:
Wie viele Möglichkeiten gibt es, mit 5 Punkten Dreiecke zu bilden?

Aufgabe S10:
Bei einem Schraubenhersteller werden die produzierten Schrauben an drei Kontrollpunkten auf ihre richtige Länge überprüft. Bei der ersten Kontrolle werden 75% aller fehlerhaften Schrauben entdeckt, bei der zweiten Kontrolle 60% und bei der dritten Kontrolle 50%. Wie viel Prozent defekte Schrauben werden bei diesen drei Kontrollen entdeckt?

Aufgabe S11:
Bei einer Firma gibt es 20 Parkplätze. Sie hat zurzeit 16 Mitarbeiter. Wie viele Möglichkeiten der Parkplatzbelegung gibt es, wenn man
a) nur unterscheidet, ob einen Parkplatz besetzt ist oder nicht?
b) zusätzlich zwischen dem Porsche von Herrn Müller und dem Audi von Frau Funk .... unterscheidet?

Aufgabe S12:
Bei einer Losbude auf dem Heinerfest befinden sich in einer Schüssel noch 20 Lose. Darunter sind 10 Lose Nieten, 5 Lose mit 100 Punkten, 3 Lose mit 500 Punkten und 2 Lose mit 1000 Punkten. Swenja kauft 2 Lose. Wie groß ist die Wahrscheinlichkeit, dass
a) sie 200 Punkte hat?
b) sie 1000 Punkte hat?

Aufgabe S13:
Neben der Losbude aus S12 steht ein Automat mit einem Display, das aus zwei Ziffern besteht. Es kann jeweils die Ziffern von 0 bis 9 anzeigen. Der Einsatz beträgt 2€. Falls zwei gleiche Ziffern erscheinen, gewinnt man 10€ und falls die Summe der beiden Ziffern 5 ergibt, erhält man 20€. Claudia spielt einmal.
a) Wie groß ist die Wahrscheinlichkeit, dass sie 10€ gewinnt?
b) Wie groß ist die Wahrscheinlichkeit, dass sie 20€ gewinnt?
c) Wie groß sind der Erwartungswert und die Varianz des Gewinns?
d) Wie groß müsste der Einsatz sein, damit der Erwartungswert gleich Null ist?

Aufgabe S14:

Ein Test besteht aus 5 Fragen mit je 4 Antwortmöglichkeiten, wobei jeweils genau eine richtig ist. Tim hatte keine Lust zu lernen und kreuzt jeweils zufällig eine Antwort an.

a) Wie groß ist die Wahrscheinlichkeit, dass er 3 Fragen richtig hat?

b) Wie groß ist die Wahrscheinlichkeit, dass die ersten 3 Fragen richtig sind?

c) Wenn man mehr als 3 Fragen richtig hat, ist der Test bestanden. Wie groß ist die Wahrscheinlichkeit dafür?

d) Wenn X die Anzahl der richtigen Fragen beschreibt, wie groß ist der Erwartungswert (Tipp E(X)=np bei binomialverteiltem X)?

Aufgabe S15:

Jenny muss jeden Tag auf dem Weg zur Schule zwei Flüsse überqueren. Über den ersten führen 4 Brücken mit den Namen A, B, C und D und über den zweiten drei Brücken mit den Namen I, II und III.

a) Wie viele Möglichkeiten hat sie für ihren Schulweg?

b) Wie groß ist die Wahrscheinlichkeit, dass sie zuerst eine der Brücken A/B überquert und danach die Brücke II?

c) Wie groß ist die Wahrscheinlichkeit, dass sie die Brücke A wählt und danach eine der drei anderen (I, II oder III)?

Aufgabe S16:

Ein Auto kann ein Kennzeichen bestehend aus 1-2 Buchstaben und 2-3 Ziffern haben.

a) Wie viele Kennzeichen sind möglich?

b) Wie viele Kennzeichen mit zwei Buchstaben sind möglich, wenn der erste Buchstabe ein A ist und wie groß ist die Wahrscheinlichkeit dafür, ein solches Auto zu sehen?

Aufgabe S17:

Ein Verein wählt eine(n) erste(n) und eine(n) zweite(n) Vorsitzende(n) (d.h. Reihenfolge ist relevant). Der Verein hat 10 Mitglieder.

a) Wie viele Möglichkeiten gibt es?

b) Wie groß ist die Wahrscheinlichkeit, dass der erste eine Frau und der zweite ein Mann ist, wenn in diesem Verein 3 Frauen und 7 Männer sind?

Aufgabe S18:
Wie viele Möglichkeiten gibt es,
a) 8 Eisbecher auf 8 Kinder zu verteilen, wenn jedes Kind einen Becher bekommen soll?
b) 5 Eisbecher auf 8 Kinder zu verteilen, wenn jedes Kind einen Becher bekommen soll (und 3 bekommen keinen)?
c) 5 Eisbecher auf 8 Kinder zu verteilen, wenn jeweils ein Kind keinen, einen, ..., 5 Becher haben kann?

Aufgabe S19:
Beim Skat erhält jeder (von 3) Spieler(n) 10 Karten und 2 Karten kommen in den „Skat".
a) Wie viele Karten kann ein Spieler bekommen?
b) Wie groß ist die Wahrscheinlichkeit, dass ein Spieler 2 Asse und 3 Damen bekommt?
c) Wie viele Möglichkeiten gibt es insgesamt für die Aufteilung der Karten?

Aufgabe S20:
Von sieben Personen wird der Wochentag (Mo., Di., ...) notiert, an dem sie geboren wurden.
a) Wie viele Möglichkeiten gibt es (bei 7 Personen)?
b) Wie groß ist die Wahrscheinlichkeit, dass alle am gleichen Tag geboren haben?
c) Wie groß ist die Wahrscheinlichkeit, dass alle an verschiedenen Tagen geboren haben?
d) Wie groß ist die Wahrscheinlichkeit, dass die ersten beiden am gleichen Tag und der Rest jeweils an verschiedenen Tagen geboren wurden?

Aufgabe S21:
In einer Urne sind 8 rote 5 blaue und x gelbe Kugeln. Es wird zweimal ohne Zurücklegen gezogen. Die Wahrscheinlichkeit, dass eine gelbe und eine blaue dabei sind, beträgt 12,5%. Wie viele gelbe Kugeln sind in der Urne (es gibt 2 Lösungen)?

Aufgabe S22:
In einer Kiste mit 50 Äpfeln sind 5 faule Äpfel. Bei einer Stichprobe werden zufällig 10 Äpfel ausgewählt. Wie groß ist die Wahrscheinlichkeit, dass höchstens 1 Apfel dieser Stichprobe faul ist?

Aufgabe S23:
In einer Urne befinden sich Kugeln mit den Buchstaben A,H,L,L,O. Es werden alle Kugeln nacheinander ohne Zurücklegen gezogen.
a) Wie groß ist die Wahrscheinlichkeit, dass jemand das Wort HALLO zieht?
b) Wie groß ist die Wahrscheinlichkeit, dass jemand zuerst die beiden L zieht?

Aufgabe S24:
In einer Urne befinden sich 8 rote und 2 blaue Kugeln.
I)   Es wird zweimal ohne Zurücklegen gezogen:
a) Gebe alle möglichen Ereignisse und ihre Wahrscheinlichkeiten an.
b) Zwei Personen spielen ein Spiel. Spieler A muss Spieler B 10€ zahlen, wenn 2 rote Kugeln gezogen werden und er bekommt in allen anderen Fällen 2€. Wie groß ist der Erwartungswert des Gewinns aus der Sicht von Spieler A? Lohnt sich das Spiel für ihn?
II) Es wird so oft (ohne Zurücklegen) gezogen, bis eine blaue Kugel gezogen wird (aber maximal dreimal):
a) Wie groß ist die Wahrscheinlichkeit, dass bei diesem Versuch eine blaue Kugel gezogen wird.
b) Wie groß ist der Erwartungswert des Gewinns, wenn man, falls eine blaue Kugel gezogen wird, 5€ bekommt und sonst 4€ bezahlt? Wie viel Euro müsste man erhalten (anstatt 5€), wenn es für beide Parteien fair sein soll?

Aufgabe S25:
In einer Urne befinden sich Kugeln mit den Ziffern 0 bis 9. Es wird viermal mit Zurücklegen gezogen.
a) Wie groß ist die Wahrscheinlichkeit, dass die Ziffernfolge 1234 gezogen wird?
b) Wie groß ist die Wahrscheinlichkeit, dass die Ziffern 1234 (in beliebiger Reihenfolge) gezogen werden?
c) Wie groß ist die Wahrscheinlichkeit, dass alle Ziffern verschieden sind?
d) Wie groß ist die Wahrscheinlichkeit, dass die ersten beiden Ziffern gleich sind und die letzten beiden Ziffern gleich sind (aber von den ersten beiden verschieden)?

Aufgabe S26:
Eine Kette besteht aus 20 Gliedern, von denen man weiß, dass 4 Glieder aus einem anderen Metall bestehen. Wie groß ist die Wahrscheinlichkeit, dass sich diese 4 Glieder aller am Anfang der Kette befinden?

Aufgabe S27:
Ein Markt erhält eine LKW-Ladung Tomaten. Der Händler will die Annahme der Ladung verweigern, wenn bei einer Stichprobe von 10 Tomaten mehr als eine Tomate faul ist. Er weiß nicht, dass 20% aller Tomaten faul sind. Wie groß ist die Wahrscheinlichkeit, dass er die Ladung annimmt (wir gehen von einer Binomialverteilung aus)?

Aufgabe S28:
Aus einer Gruppe von 40 Personen sollen 4 gleich große Gruppen gebildet werden. Dabei soll:
a) zwischen den Gruppen unterschieden werden, wenn z.B. die Gruppen benannt werden mit Gruppe A, Gruppe B, ...
b) nur unterschieden werden, wie viele Möglichkeiten es bei der Gruppeneinteilung gibt, ohne zwischen den einzelnen Gruppen zu unterschieden wie bei a).
Wie viele Möglichkeiten gibt es jeweils?

Aufgabe S29:
Aus einer Gruppe von 100 Personen sollen 10 Personen ausgewählt werden. Wie groß ist die Wahrscheinlichkeit, dass 3 Männer und 7 Frauen ausgewählt werden, wenn 55 Frauen und 45 Männer in dieser Gruppe sind?

Aufgabe S30:
Wie groß ist die Wahrscheinlichkeit, dass jemand beim Poker 2 Buben und ein As erhält (von 4 Karten aus 32)?

Aufgabe S31:
Es sind in einer Urne 100 Kugeln, davon 30 blaue, 50 gelbe und 20 rote. Es soll die Wahrscheinlichkeit berechnet werden, dass jemand beim Ziehen
a) ohne Zurücklegen
b) mit Zurücklegen
von 10 Kugeln 6 blaue, 3 gelbe und eine rote Kugel bekommt?

Aufgabe S32:
Bei einem Spielautomat gewinnt man mit einer Wahrscheinlichkeit von
10%.

I) Jenny spielt 100 mal. Wie groß ist die Wahrscheinlichkeit, dass sie
a) genau 10 mal
b) höchstens 8 mal
c) mindestens 11 mal
d) mindestens 8 und höchstens 12 mal
gewinnt?

II) Sie hat 100 mal gespielt und nur 3 mal gewonnen. Nun vermutet sie, dass
mit dem Automat etwas nicht stimmt, bzw. dass sie häufiger verliert als
angegeben. Sie führt aus diesem Grund einen Hypothesentest durch, mit den
Hypothesen H_0: $p = 0{,}1$ (bzw. $p \geq 0{,}1$) gegen H_1: $p < 0{,}1$. Kann sie die
Nullhypothese Verwerfen, bzw. bis zu wie vielen Gewinnen, kann sie H_0
verwerfen, wenn das Signifikanzniveau $\alpha = 5\%$ beträgt? Wie groß wäre der
Fehler β (2. Art), wenn $p = 0{,}05$ gilt.

Aufgabe S33:
Bemerkung: Die folgenden Zahlen sind fiktiv!

20% aller Raucher trinken regelmäßig Alkohol und 5% aller Nichtraucher
trinken regelmäßig Alkohol. 40% aller Personen rauchen. Wie groß ist die
Wahrscheinlichkeit,

   a) dass eine zufällig ausgewählte Person regelmäßig Alkohol trinkt und
      raucht?
   b) dass eine zufällig ausgewählte Person regelmäßig Alkohol trinkt?
   c) dass eine regelmäßig Alkohol trinkende Person raucht?

Ist das Rauchverhalten unabhängig vom Trinkverhalten?

Weitere Aufgaben zur Stochastik findet man unter http://mathe-
total.de/Stochastik/Aufgaben-Stochastik.pdf.

6 Lösungen zu den Aufgaben zur Stochastik

Lösung S1:

a) P(Produkt = 8) = P(4,2)+P(2,4) = 2/36

b) $1 - P(\text{keine doppelte 6}) = 1 - (35/36)^4$

Lösung S2:

a) $P(1,1,1,1) = (1/6)^4$

b) P(genau eine 6) + ... + P(alle gleich 6)

$$= 4 \cdot 1/6 \cdot (5/6)^3 + \binom{4}{2}(1/6)^2(5/6)^2 + \binom{4}{3}(1/6)^3 5/6$$

$$+ (1/6)^4 = 1 - P(\text{keine 6}) = 1 - (5/6)^4$$

c) $P(6,6,6,*) = (1/6)^3(5/6)$

Lösung S3:

$$\overline{x} = \frac{1}{n}(x_1 + x_2 + ... + x_n)$$

$$= (178+180+182+180+177+183+178+180+182)/9 = 180$$

$$s^2 = \frac{1}{n-1}\left((x_1 - \overline{x})^2 + (x_2 - \overline{x})^2 + ... + (x_n - \overline{x})^2\right)$$

$$= 1/8 \left((178\text{-}180)^2 + ... + (182\text{-}180)^2 \right) = 17/4$$

Bemerkung: Bei der Berechnung der Varianz einer Stichprobe wird durch n-1 anstatt durch n geteilt (wegen der erwartungstreue). Es gibt aber auch Schulbücher, in denen hier auch durch n geteilt wird.

Wert mit Häufigkeiten:

$$
\begin{array}{cc}
177 & 1 \\
178 & 2 \\
180 & 3 \\
182 & 2 \\
183 & 1
\end{array}
$$

Diagramm:

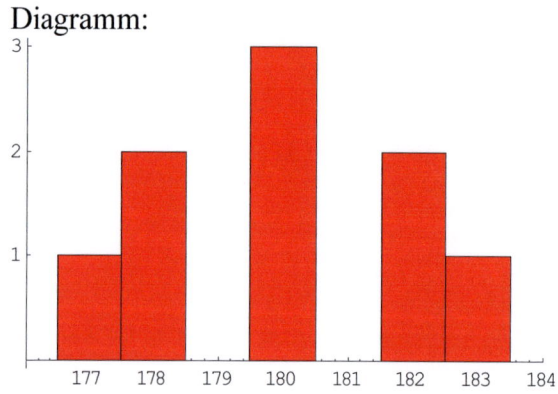

Lösung S4:

a) $\binom{10}{3} 3! = 10 \cdot 9 \cdot 8$

b) $\binom{10}{3} = \dfrac{10 \cdot 9 \cdot 8}{3!}$

c) $\dfrac{7}{10} \cdot \dfrac{6}{9} \cdot \dfrac{5}{8}$

d) 10! Möglichkeiten und die Wahrscheinlichkeit wäre 1/10!

e)

Richtige	Gewinn (x_i)	$P(X = x_i)$	$x_i \cdot P(X = x_i)$	$(x_i - E(X))^2$
0	-10	0,29167	-2,91667	22,9601
1	-5	0,525	-2,625	0,04340
2	0	0,175	0	27,1267
3	40	0,00833	0,33333	2043,79

$(x_i - E(X))^2 \, P(X = x_i)$
6,69669
0,02279
4,74718
17,0316

$E(X) = -5,20833$
$Var(X) = 28,4983$

Lösung S5:

a) $10/10^5$

b) $\dfrac{10 \cdot 1 \cdot 1 \cdot 9 \cdot 8}{10^5}$ (, wenn die restlichen Beiden verschieden voneinander sein sollen.)

c) $\underbrace{\dfrac{5!}{3! \cdot 2!}}_{=(*)} \dfrac{10 \cdot 1 \cdot 1 \cdot 9 \cdot 8}{10^5}$, (*) sind die Möglichen Positionen für die 3 gleichen.

Lösung S6:

$\dbinom{8}{5} \cdot \dbinom{7}{5} \cdot \dbinom{9}{5} \cdot \dbinom{12}{5}$

Lösung S7:

a) $\dfrac{\dbinom{4}{4} \cdot \dbinom{28}{1}}{\dbinom{32}{5}}$

b) $\dfrac{\dbinom{4}{3} \cdot \dbinom{28}{2}}{\dbinom{32}{5}}$

Lösung S8:

a) $0{,}06^{10}$

b) $\dbinom{10}{1} \cdot 0{,}06^1 \cdot 0{,}94^9$

c) $P(X \geq 1) = 1 - P(X<1) = 1 - P(X=0) = 1 - 0{,}94^{10}$

Lösung S9:

$\dbinom{5}{3}$, falls man auch zwischen den Ecken unterscheidet, muss man diese Zahl noch mit 3! multiplizieren.

Lösung S10:

$0{,}75 + 0{,}25 \cdot 0{,}60 + 0{,}25 \cdot 0{,}40 \cdot 0{,}50 = 95\%$

Lösung S11:

a) $\dbinom{20}{16}$

b) $\binom{20}{16} \cdot 16!$

Lösung S12:
a) $P(100,100) = 5/20\bullet4/19$
b) $P(1000,\text{Niete}) + P(\text{Niete},1000) + P(500,500) = 2/20\bullet10/19 + 10/20\bullet2/19 + 3/20\bullet2/19$

Lösung S13:
a) $10/10^2$
b) $P(0,5)+P(1,4)+P(2,3)+P(3,2)+P(4,1)+P(5,0) = 6/10^2$
c) Falls man den Einsatz nicht berücksichtigt (Bruttogewinn):
$E(X) = 10€ \bullet10/10^2 + 20€\bullet6/10^2 + 0€\bullet (1-16/10^2) = 2,20€)$
Falls man den Einsatz berücksichtigt (Nettogewinn):
$E(X) = (10€-2€)\bullet10/10^2 + (20€-2€)\bullet6/10^2 + (-2€)\bullet(1-16/10^2) = 0,20 €;$
$Var(X) = (8€-0,20€)^2\bullet10/10^2 + (18€-0,20€)^2\bullet6/10^2$
$+ (-2€-0,20€)^2\bullet(1-16/10^2) \approx 29,19 €^2.$

Tabelle für Nettogewinn (ohne Einheit):

x_i	$P(X=x_i)$	$x_i\bullet P(X=x_i)$	$(x_i - E(X))^2$	$P(X=x_i) \bullet (x_i - E(X))^2$
8	10/100	0,8	60,84	6,084
18	6/100	1,08	316,84	19,0104
-2	84/100	-1,68	4,84	4,0656
	Summe:	0,20=E(X)		29,16 = Var(X)

d) (Berechnung ohne Einheit)

$E(X_{Netto}) = (10-a)\bullet10/100+(20-a)\bullet6/100+(-a)\bullet(1-16/100) = 0\ (€)$

oder

$E(X_{Brutto}) = 10\bullet10/10^2 + 20\bullet6/10^2 = a\ \text{ergibt}\ a = 2,20\ (€).$

Lösung S14:

a) $\binom{5}{3} \cdot (1/4)^3 \cdot (3/4)^2$

b) $(1/4)^3 \cdot (3/4)^2$

c) $\binom{5}{4} \cdot (1/4)^4 \cdot (3/4)^1 + \binom{5}{5} \cdot (1/4)^5 \cdot (3/4)^0$

d) $E(X) = 5 \cdot \frac{1}{4} = 5/4$

Lösung S15:

a) $4 \cdot 3 = 12$

b) $P(A,II) + P(B,II) = 1/12 + 1/12 = 1/6$

c) $P(A,I) + P(A,II) + P(A,II) = 3/12 = 1/4$

Lösung S16:

a) $M = 26 \cdot (9 \cdot 10) + 26 \cdot (9 \cdot 10 \cdot 10) + 26^2 \cdot (9 \cdot 10) + 26^2 \cdot (9 \cdot 10 \cdot 10)$
(Bei einer Ziffer steht am Anfang keine 0).

b) $M_b = 1 \cdot 26 \cdot (9 \cdot 10) + 1 \cdot 26 \cdot (9 \cdot 10 \cdot 10)$. Die Wahrscheinlichkeit ist M_b/M

Lösung S17:

a) $10 \cdot 9 = 90$

b) $3 \cdot 7/90$

Lösung S18:

a) $8!$

b) $\binom{8}{5} \cdot 5!$

c) 5 gleiche Eisbecher auf 8 Kinder (wobei ein Kind keinen, einen, zwei,.. Becher bekommen kann) ?: Es gibt 7 + 5 Symbole:| | | | | | | | x x x x x, von denen je 7 bzw. 5 gleich sind. „|" steht für den Trennstrich und „x" für den Becher. Also gibt es:

$$\binom{7+5}{7} = \binom{7+5}{5} = \frac{(7+5)!}{7! \cdot 5!} \text{ Möglichkeiten.}$$

Lösung S19:

a) $\binom{32}{10}$

b)

$$\frac{\binom{4}{2}\binom{4}{3}\binom{32-4-4}{10-2-3}}{\binom{32}{10}}$$

c)

$$\binom{32}{10}\binom{22}{10}\binom{12}{10}\binom{2}{2}$$

Lösung S20:

a) 7^7

b) $7/7^7$

c) $\dfrac{7!}{7^7}$

d) $\dfrac{7 \cdot 1 \cdot 6 \cdot 5 \cdot 4 \cdot 3 \cdot 2}{7^7}$

Lösung S21:

$$2 \cdot \frac{x}{8+5+x} \cdot \frac{5}{8+5+x-1} = \frac{12,5}{100} \quad | \ (13+x)(12+x) \quad \text{ergibt Gleichung}$$

für x.

Lösungen: x = 3 oder x = 52.

Lösung S22:

Exakte Lösung: $\dfrac{\dbinom{5}{0}\dbinom{45}{10}}{\dbinom{50}{10}} + \dfrac{\dbinom{5}{1}\dbinom{45}{9}}{\dbinom{50}{10}}$

Oder Näherung über Binomialverteilung (hier müsste aber n deutlich größer sein):

$$\binom{10}{0} \cdot (45/50)^{10} \cdot (5/50)^0 + \binom{10}{1} \cdot (45/50)^9 \cdot (5/50)^1$$

Lösung S23:

a) $\quad \dfrac{\dfrac{1}{5!}}{1! \cdot 1! \cdot 1! \cdot 2!} = 2! / 5!$

b) $\quad 3! : \dfrac{5!}{2!} = 3! \dfrac{2!}{5!}$

Da, wenn die ersten beiden Buchstaben festgelegt sind, es noch 3! Möglichkeiten für die Vertauschung der letzten beiden gibt.

Lösung S24:

I)

a) $P(r,r) = 8/10 \cdot 7/9$; $P(r,b) = 8/10 \cdot 2/9 = P(b,r)$; $P(b,b) = 2/10 \cdot 1/9$

b) $-10€ \cdot P(r,r) + 2€ \cdot (1-P(r,r)) = -82/15€ = -5,47€$

II)

a) $P(blau) = 2/10 + 8/10 \cdot 2/9 + 8/10 \cdot 7/9 \cdot 2/8 = 8/15$

b) $5€ \cdot P(blau) - 4€ \cdot (1-P(blau)) = 4/5€ = 0,80€$.

   $x \cdot P(blau) + 4€ \cdot (1-P(blau) = 0$ ergibt $x = 3,50€$.

Lösung S25:

a) $1/10^4$, da dies nur in einem von 10^4 Fällen möglich ist.

b) $4!/10^4$

c) $\dfrac{10 \cdot 9 \cdot 8 \cdot 7}{10^4}$

d) $\dfrac{10 \cdot 1 \cdot 9 \cdot 1}{10^4}$

Lösung S26:

$1 : \dfrac{20!}{4! \cdot 16!}$, da dies nur in einem Fall möglich ist.

Lösung S27:

$P(X>1) = 1 - P(X \leq 1) = 1 - (P(X=0) + P(X=1)) = 1 - (0.8^{10} + \binom{10}{1} 0.2 \cdot 0.8^9)$

Lösung S28:

Bei a) gibt es dann $\binom{40}{10}\binom{30}{10}\binom{20}{10}\binom{10}{10} = \dfrac{40!}{10! \cdot 10! \cdot 10! \cdot 10!}$ Möglichkeiten und bei b) $\dfrac{1}{4!}\dbinom{40}{10}\dbinom{30}{10}\dbinom{20}{10}\dbinom{10}{10} = \dfrac{40!}{4!\cdot 10!\cdot 10!\cdot 10!\cdot 10!}$.

Lösung S29:

Die Wahrscheinlichkeit, dass unter den 10 Personen x Frauen und y = 10-x Männer sind, berechnet sich wie folgt berechnen:

$$\frac{\dbinom{55}{x}\cdot\dbinom{45}{10-x}}{\dbinom{100}{10}}$$

Also gilt: P(„3 Männer und 7 Frauen") = $\dfrac{\dbinom{55}{7}\cdot\dbinom{45}{3}}{\dbinom{100}{10}}$

Lösung S30:

$$\frac{\dbinom{4}{2}\cdot\dbinom{4}{1}\cdot\dbinom{24}{1}}{\dbinom{32}{4}}$$

Lösung S31:

Man könnte diese Aufgabe mit einem Baum lösen, was hier aber relativ aufwändig wäre. Wir lösen diese Aufgabe auf die folgende Art:

a) $\dfrac{\dbinom{30}{6}\cdot\dbinom{50}{3}\cdot\dbinom{20}{1}}{\dbinom{100}{10}} = \dfrac{30\cdot 29\cdot...\cdot 25\cdot 50\cdot 49\cdot 48\cdot 20}{100\cdot 99\cdot 98\cdot...\cdot 91}\cdot \underbrace{\dfrac{10!}{6!\cdot 3!\cdot 1!}}_{=\text{Anzahl Äste}}$

b) $\left(\dfrac{30}{100}\right)^6\cdot\left(\dfrac{50}{100}\right)^3\cdot\left(\dfrac{20}{100}\right)^1\cdot \underbrace{\dfrac{10!}{6!\cdot 3!\cdot 1!}}_{=\text{Anzahl Äste}}$

Aufgabe S32:

I) Die Anzahl der Gewinne X ist binomialverteilt mit den Parametern $p = 0,1$ und $n = 100$. Also kann man die Werte $P(X = k)$ und $P(X \le k)$ aus der unteren Tabelle ablesen.

k	$P(X = k)$	$P(X \le k)$
4	0.01587460	0.02371108
5	0.03386580	0.05757689
6	0.05957873	0.11715562
7	0.08889525	0.20605086
8	0.11482303	0.32087389
9	0.13041628	0.45129017
10	0.13186535	0.58315551
11	0.11987759	0.7030331
12	0.09878801	0.80182111
13	0.07430209	0.87612321

a) $P(X = 10) \approx 0,132$.

b) $P(X \le 8) \approx 0,321$

c) $P(X \ge 11) = 1 - P(X < 11) = 1 - P(X \le 10) \approx 1 - 0,583 \approx 0,417$

d) $P(12 \ge X \ge 8) = P(X \le 12) - P(X < 8) = P(X \le 12) - P(X \le 7) \approx 0,802 - 0,206 \approx 0,596$

II) H_0 wird verworfen, wenn k zu klein ist, also ist $K = \{0,1,\ldots,k_0\}$ der kritische Bereich. Es gilt: $P(X \leq k_0) \leq \alpha = 0{,}05$, wobei das maximale k_0 zu wählen ist, für welches diese Bedingung gilt. Es ist dabei (aus H_0) die Tabelle für $p = 0{,}1$ zu verwenden. Also gilt (siehe Tabelle oben) $k_0 = 4$. Somit wird H_0 verworfen, wenn k in der Menge $\{0,1,2,3,4\}$ liegt. Hier ist k = 3, also kann H_0 verworfen werden.

β ist die Wahrscheinlichkeit, dass H_0 nicht verworfen wird, obwohl H_0 falsch ist, d.h. hier obwohl $p = 0{,}05$ gilt. H_0 wird nicht verworfen, wenn $k > 4$ gilt.

Also gilt:
$$\beta = P(X > 4) = 1 - P(X \leq 4) \approx 1 - 0.436 \approx 0.564$$

Ausschnitt aus Tabelle mit n = 100 und p = 0,05:

k	$P(X = k)$	$P(X \leq k)$
4	0.17814264	0.43598130
5	0.18001783	0.61599913

Lösung S33:
Sei R das Ereignis, dass eine Person raucht, und A das Ereignis, dass eine Person regelmäßig Alkohol trinkt. Gegeben ist:

$$P_R(A) = 0{,}2 \,, \; P_{\overline{R}}(A) = 0{,}05 \,, \; P(R) = 0{,}4.$$

a) Da $P_R(A) = \dfrac{P(A \cap R)}{P(R)}$, gilt $P(A \cap R) = P(R) \cdot P_R(A) = 0{,}08$.

b) Es gilt $P(\overline{R}) = 1 - P(R) = 0{,}6$.

Da $P_{\overline{R}}(A) = \dfrac{P(A \cap \overline{R})}{P(\overline{R})}$ gilt, folgt $P(A \cap \overline{R}) = P(\overline{R}) \cdot P_{\overline{R}}(A) = 0{,}03$,

womit sich $P(A) = P(A \cap R) + P(A \cap \overline{R}) = 0{,}08 + 0{,}03 = 0{,}11$ ergibt.

c) $\quad P_A(R) = \dfrac{P(A \cap R)}{P(A)} = \dfrac{0,08}{0,11} \approx 0,73$

Die Wahrscheinlichkeiten lassen sich in einer Kreuztabelle darstellen:

	A	$\overline{A}$	Summe
R	$P(A \cap R) = 0,08$	$P(\overline{A} \cap R) = 0,4\text{-}0,08$ $= 0,32$	$P(R) = 0,4$
$\overline{R}$	$P(A \cap \overline{R}) = 0,03$	$P(\overline{A} \cap \overline{R})$ $= 0,89\text{-}0,32 = 0,57$	$P(\overline{R}) = 0,6$
Summe	$P(A) = 0,08+0,03$ $= 0,11$	$P(\overline{A}) = 1\text{-}0,11 = 0,89$	1

Bei Unabhängigkeit gilt $P(A \cap R) = P(R) \cdot P(A)$ (oder auch wenn $P_R(A) = P(A)$). Hier gilt aber $P(R) \cdot P(A) = 0,044$, somit sind die Ereignisse abhängig!

Bemerkungen/Tipps zur Stochastik

Sollen z.B. aus 40 Personen 4 gleich große Gruppen gebildet werden, so gibt es zwei Fälle zu beachten:

a) Es wird zwischen den Gruppen unterschieden, wenn z.B. die Gruppen benannt werden mit Gruppe A, Gruppe B,...

b) Es wird nur unterschieden, wie viele Möglichkeiten es bei der Gruppeneinteilung gibt, ohne zwischen den einzelnen Gruppen zu unterschieden wie bei a)

Bei a) gibt es dann

$$\binom{40}{10}\binom{30}{10}\binom{20}{10}\binom{10}{10} = \frac{40!}{10!\cdot 10!\cdot 10!\cdot 10!}$$

Möglichkeiten und

bei b)

$$\frac{1}{4!}\binom{40}{10}\binom{30}{10}\binom{20}{10}\binom{10}{10} = \frac{40!}{4!\cdot 10!\cdot 10!\cdot 10!\cdot 10!}$$

Möglichkeiten.

Werden aus einer Gruppe von 100 Personen z.B. 10 ausgewählt (entspricht ziehen ohne Zurücklegen), so gibt es $\binom{100}{10}$ Möglichkeiten der Auswahl.

Wird nun zwischen den Personen nochmals unterschieden, z.B. zwischen dem Geschlecht, wenn es 55 Frauen und 45 Männer in dieser Gruppe gibt, so kann man die Wahrscheinlichkeit, dass unter den 10 Personen x Frauen und y = 10-x Männer sind wie folgt berechnen:

$$\frac{\binom{55}{x} \cdot \binom{45}{10-x}}{\binom{100}{10}}$$

Man könnte natürlich auch die Wahrscheinlichkeit mit einem Baum berechnen. Nun kann man dies übertragen, z.B., wenn die Wahrscheinlichkeit bestimmt werden soll, dass jemand beim Poker 2 Buben und ein As erhält (von 5 Karten aus 32):

$$\frac{\binom{4}{2} \cdot \binom{4}{1} \cdot \binom{24}{2}}{\binom{32}{5}}$$

Man kann nun allgemein Aufgaben, die normalerweise mit einem Baum zu lösen sind, auf diese Art lösen. Beispiel: Sind in einer Urne 100 Kugeln, davon 30 blaue, 50 gelbe und 20 rote. Soll z.B. die Wahrscheinlichkeit berechnet werden, dass jemand beim Ziehen (ohne Zurücklegen) von 10 Kugeln 6 blaue, 3 gelbe und eine rote Kugel bekommt, so kann man dass auch ohne „Baum" tun (was hier ziemlich aufwendig wäre).

Es gilt:

$$\frac{\binom{30}{6} \cdot \binom{50}{3} \cdot \binom{20}{1}}{\binom{100}{10}} = \frac{30 \cdot 29 \cdot \ldots \cdot 25 \cdot 50 \cdot 49 \cdot 48 \cdot 20}{100 \cdot 99 \cdot 98 \cdot \ldots \cdot 91} \cdot \underbrace{\frac{10!}{6! \cdot 3! \cdot 1!}}_{=\text{Anzahl Äste}}$$

Beim Ziehen mit Zurücklegen würde es

$$\left(\frac{30}{100}\right)^6 \cdot \left(\frac{50}{100}\right)^3 \cdot \left(\frac{20}{100}\right)^1 \cdot \underbrace{\frac{10!}{6! \cdot 3! \cdot 1!}}_{=\text{Anzahl Äste}}$$

Möglichkeiten geben.

7 Weitere Aufgaben ohne Lösung

7.1 Weitere Aufgaben zur Analysis

1) Führe für die Funktion $f(x) = -x^4 + 9x^2$ eine Kurvendiskussion durch. Welche Fläche schließt die Kurve von f mit der x-Achse ein?

2) Führe für die Funktion $f(x) = -2x^3 + 6x^2$ eine Kurvendiskussion durch. Welche Fläche schließt die Kurve von f mit der x-Achse ein? Wie lautet die Gleichung der Wendetangente (Tangente im Wendepunkt)?
Wie groß ist die Fläche, die die Kurve von $g(x) = 4x$ mit der Kurve von f einschließt?

3) Bestimme die ersten 2 Ableitungen der folgenden Funktion:
$\qquad$ a) $f(x) = e^{-1/2x^2}$ $\qquad$ b) $f(x) = x^2 \sin(x)$

4) Gesucht wird eine ganzrationale Funktion 3. Grades, die zum Ursprung punktsymmetrisch ist und die im Punkt $P(1,8)$ einen Extremwert besitzt.

5) Führe für die folgenden Funktionen eine Kurvendiskussion durch:
$\qquad$ a) $f(x) = -x^3 + 3ax^2$
$\qquad$ b) $f(x) = (x^2 - 3)e^{-x}$

(Setze bei der Zeichnung des Grafen von a) a=1)

6) Bestimme k, so dass $\int\limits_0^k e^{-2x}dx = 1/4$

7) Gesucht wird eine ganzrationale Funktion 3. Grades, die zum Ursprung punksymmetrisch ist und im Punkt $P(2;32)$ einen Hochpunkt besitzt.

8) Gesucht wird eine achsensymmetrische ganzrationale Funktion vom Grade 4, die im Punkt Q(2;-14) einen Extremwert besitzt und die an der Stelle x=1 die eine Tangente besitzt, die parallel zur Geraden g(x)=-12x+3 ist (d.h. an dieser Stelle die Steigung dieser Geraden hat).

9) Berechne:

a) $\int\limits_{1}^{\infty} \frac{1}{x^2} dx$ 　　　　 b) $\int\limits_{2}^{\infty} \frac{8}{x^3} dx$

c) $\int\limits_{0}^{\infty} 8e^{-4x} dx$ 　　　　 d) $\int\limits_{-\infty}^{0} e^{1/2x} dx$

e) $\int\limits_{1}^{5} (x^3 - 8x + 5) dx$ 　　 f) $\int\limits_{0}^{1} (e^{4x} - 12x + 3) dx$

10) Bestimme k(>0), so dass:

$$\int\limits_{0}^{k} (-3x^3 + 12x) \, dx = 12$$

11) Führe eine Kurvendiskussion durch für f(x)= (x-k)e^{-1/2x}. Für welches k liegt der Extremwert bei x = 6?

12) Bestimme die Fläche zwischen der Kurve von f(x)= -x^4 + 8x^2 –3 und der Tangente in den Hochpunkten.

13) Bestimme die Extremwerte der Funktion f(x)= (x^2-a^2+1)e^{-x^2} mit a>0.

14) Führe für die Funktion f(x)= x^3-4x eine Kurvendiskussion durch. Wie lautet die Gleichung der Wendetangente?

15) Führe für die Funktion $f(x) = x^2 e^{-1/2x}$ eine Kurvendiskussion durch.

16) Bestimme die erste Ableitung der Funktion $f(x) = x^3 + 1/x^2 \cdot e^{-4x}$ (Tipp: $1/x^2 = x^{-2}$).

17) Gesucht wird eine Ganzrationale Funktion 3. Grades, die an der Stelle $x = 6$ eine Nullstelle hat und im Ursprung die x-Achse berührt. Außerdem soll f durch den Punkt $Q(2;8)$ gehen. Wie lautet die Gleichung?

18) Führe die Funktion $f(x) = 1/8\ x^4 - k\ x^3$ eine Kurvendiskussion durch $(k > 0)$. Zeichne die Funktion für $k = 1$.

19) An welcher Stelle x hat die Funktion $f(x) = x^2 - 4$ eine Steigung von $60°$?

20) Gegeben ist eine Parabel $f(x) = -x^2 + 4x$ $(x \in [0;4])$. Auf diese Parabel soll ein Punkt $P(x;y)$ so gelegt werden, dass die Fläche des Rechtecks $(0;0)$, $(x;0)$, $(x;y)$, $(0;y)$ maximal wird.

21) Ein Rechteck hat einen Umfang von 40cm. Wie müssen die Seiten a und b gewählt werden, dass die Fläche maximal wird?

22) Führe eine Kurvendiskussion durch: $f(x) = a^2\ x^5 - 5/3\ x^3$ $(a > 0)$. Auf welcher Ortkurve liegen die Extremwerte im I. Quadraten?

23) Gesucht wird eine ganzrationale Funktion 3. Grades, die im Punkt $P(0;0)$ eine Tangente hat, die parallel zur 1. Winkelhalbierenden ist und die im Punkt $Q(2;5)$ einen Extremwert besitzt.

7.2 Weitere Aufgaben zur analytischen Geometrie

1) Liegt der Punkt P(1;3;4) in der Ebene E: 2x – 4y + z = -6?

Schneidet die Gerade g: $\vec{x} = \begin{pmatrix} 2 \\ 0 \\ -5 \end{pmatrix} + \lambda \begin{pmatrix} -4 \\ 1 \\ 2 \end{pmatrix}$ die Ebene E? Wenn ja, wo?

Wie groß ist dann der Schnittwinkel?

Welcher Abstand hat der Punkt Q(2;0;-4) von der Gerden g?

2) Gegeben ist die Ebene E: $\vec{x} = \begin{pmatrix} 1 \\ -2 \\ 0 \end{pmatrix} + \lambda \begin{pmatrix} 2 \\ 0 \\ 2 \end{pmatrix} + \mu \begin{pmatrix} -1 \\ 1 \\ 0 \end{pmatrix}$ in

Parameterform.

Liegt der Punkt P(-3;1;-1) auf E ?
Bestimme eine Koordinatenform der Ebene und die Schnittpunkte mit den Koordinatenachsen (Spurpunkte).

3) Gesucht wird der Schnittpunkt der beiden Geraden

$$g: \vec{x} = \begin{pmatrix} 1 \\ 0 \\ 4 \end{pmatrix} + \lambda \begin{pmatrix} -2 \\ 2 \\ 1 \end{pmatrix} \text{ und h: } \vec{x} = \begin{pmatrix} -11 \\ 4 \\ 2 \end{pmatrix} + \mu \begin{pmatrix} 4 \\ -2 \\ 0 \end{pmatrix}.$$

Wie weit ist der Schnittpunkt vom Ursprung entfernt?

4) Die Punkte A(1;4;3), B(-2;-4;4) und C(2;5;1) bilden ein Dreieck. Bestimme die Gleichung der Geraden, die die Seitenhalbierende auf der Seite c enthält. Wie groß sind die Winkel in den Ecken A, B und C und wie groß ist der Umfang des Dreiecks?

5) Liegen die Punkte A(1;4;2), B(-4;0;2), C(-1;-2;2) auf einer Geraden?

6) Bestimme den Schnittpunkt der Geraden g: $\vec{x} = \begin{pmatrix} 2 \\ -1 \\ 0 \end{pmatrix} + \lambda \begin{pmatrix} 4 \\ 1 \\ -1 \end{pmatrix}$ mit der

Ebene E: 2x+4y-3z=30.

Gebe die Gleichung einer zu E parallele Ebene E′ an, die durch den Punkt P(-2;1;7) geht.

8) Bestimme den Schnittpunkt von g: $\vec{x} = \begin{pmatrix} 4 \\ 1 \\ 3 \end{pmatrix} + \lambda \begin{pmatrix} -4 \\ 4 \\ 0 \end{pmatrix}$ und

E: $\vec{x} = \begin{pmatrix} 3 \\ 2 \\ 0 \end{pmatrix} + \lambda \begin{pmatrix} -1 \\ 2 \\ 1 \end{pmatrix} + \nu \begin{pmatrix} 2 \\ 1 \\ 0 \end{pmatrix}$

9) Berechne die Schnittgerade von:

a) E_1: $\vec{x} = \begin{pmatrix} 3 \\ 2 \\ 0 \end{pmatrix} + \lambda \begin{pmatrix} -1 \\ 2 \\ 1 \end{pmatrix} + \nu \begin{pmatrix} 2 \\ 1 \\ 0 \end{pmatrix}$ und E_2: $\vec{x} = \begin{pmatrix} 1 \\ 2 \\ 0 \end{pmatrix} + \lambda \begin{pmatrix} 0 \\ 1 \\ 0 \end{pmatrix} + \nu \begin{pmatrix} 1 \\ 0 \\ 1 \end{pmatrix}$.

b) E_1: 2x+4y-8z=10 und E_2: -x+y-8z=5.

10) Bestimme den Schnittwinkel zwischen E: 2x+4y-2z=-12 und

$$g: \vec{x} = \begin{pmatrix} 4 \\ 1 \\ 3 \end{pmatrix} + \lambda \begin{pmatrix} -4 \\ 4 \\ 0 \end{pmatrix}.$$

Wie groß ist der Abstand der Geraden g vom Punkt P(1;-2;3) und wie groß ist der Abstand der Ebene von diesem Punkt?

11) Für welches a haben die Geraden g: $\vec{x} = \begin{pmatrix} 4 \\ -5 \\ a \end{pmatrix} + \lambda \begin{pmatrix} 1 \\ 1 \\ 0 \end{pmatrix}$ und

h: $\vec{x} = \begin{pmatrix} 4 \\ 1 \\ 3 \end{pmatrix} + v \begin{pmatrix} 2 \\ 4 \\ -2 \end{pmatrix}$ einen Schnittpunkt? Wo liegt dieser? Wie groß ist der

Schnittwinkel? Wo schneidet die Gerade h die x-y-Ebene (Spurpunkt)?

12) Was kann man über die Lage der Ebenen
E_1: 4x-3y+5z=8,
E_2: 8x-6y+10z=3,
E_3: -4x+3y-5z=-8
zueinander sagen?
Bestimme die Schnittpunkte von E_1 mit den Koordinatenachsen.

13) Bestimme a so, dass der Punkt Q(-2;4;4) auf der Geraden g:

$$\vec{x} = \begin{pmatrix} -1 \\ 4 \\ a \end{pmatrix} + \lambda \begin{pmatrix} 2 \\ 0 \\ 3 \end{pmatrix}$$ liegt. Welcher Abstand hat Q von g für a = -3?

14) Welcher Abstand hat die Ebene E: 2x-4y+4z=36 von den Punkten P(0;0;0) und Q(1;2;4) ? Wie lauten die Gleichungen der Ebenen E_1 und E_2, wenn beide Ebenen parallel zu E sind und E_1 durch Q und E_2 durch P gehen sollen? Bestimme einen weiteren Punkt R, der auf E_2 liegt. Wandle E in eine mögliche Parameterform um.

16) Bestimme k so, dass der Abstand der Punkte P(-2;k;5) und Q(2;5;9) gleich 6 LE beträgt. Bestimme dann die Gleichung der Geraden durch P (für k = 2) und Q. Gebe einen weiteren Punkt R an, der auf dieser Geraden liegt. Wie lautet eine Gleichung der Geraden h, die parallel zu g ist und durch den Punkt S(1;4;4) geht?

17) Wandle die Ebenengleichung E in Koordinatenform um:

$$E: \vec{x} = \begin{pmatrix} 3 \\ 2 \\ 0 \end{pmatrix} + \lambda \begin{pmatrix} -1 \\ 2 \\ 1 \end{pmatrix} + \nu \begin{pmatrix} 2 \\ 1 \\ 0 \end{pmatrix}$$

7.3   Weitere Aufgaben zur Stochastik

1) In einer Urne befinden sich 6 blaue und 4 rote Kugeln. Es werden zwei Kugeln gezogen (mit Zurücklegen). Wie groß ist die Wahrscheinlichkeit für das Ziehen von 2 blauen Kugeln?

2) Auf einem Fest gibt es einen Losstand. In einer Schüssel befinden sich noch 100 Lose. Es sind 70 Nieten dabei. Wenn jemand 2 Lose kauft, wie groß ist dann die Wahrscheinlichkeit, dass ein Gewinn dabei ist?

3) Auf einem Fest gibt es eine Karussell mit 10 verschiedenen Fahrzeugen, in welchen jeweils ein Kind mitfahren kann. Es kommen 4 Kinder, die mitfahren möchten. Wie viele Möglichkeiten gibt es?

4) In einer Fabrik werden Autos hergestellt. In 5% der Fälle ist der Lack nicht in Ordnung, in 8% der Fälle ist eine Lampe defekt und in 1% der Fälle geht die Hupe nicht.
Wie groß ist die W., dass, wenn du eine solches Auto kaufst
   a)   alle 3 defekte auftreten?
   b)   der Lack nicht OK und die Hupe nicht geht, aber die Lampen OK sind?

5) Ein Automobilkonzern bietet ein Auto mit 8 möglichen Farben, 4 möglichen Sitzbezügen und 3 verschiedenen Motoren an. Wie viele Möglichkeiten gibt es für die Bestellung eines solchen Autos?

6) Es werden zwei Würfel gleichzeitig geworfen. Wie groß ist die Wahrscheinlichkeit, dass
   a)   das Produkt der beiden Augenzahlen gleich 8 ist?
   b)   das man mindestens eine doppelte 6 hat, wenn man die zwei Würfel viermal wirft?